DIE SCHÖNSTEN
RADTOUREN

Elberadweg

Christine und Jürgen Reimer

Mit Extra-Kartenheft
zum Mitnehmen

BRUCKMANN

INHALT

Böhmens Städte sind lebendige Geschichte

Prachtvolle Elbe in Dresden – Schlösser, Wein und Raddampfer

Eng verbunden mit den Elbstädten Torgau und Wittenberg – Martin Luther

Metropole mit Charme – die Hamburger Alsterarkaden

DER ELBERADWEG

Die Elbe! Gewaltig ist dieser Strom an seiner Mündung bei Cuxhaven. Ozeanriesen fahren auf der verkehrsreichsten Wasserstraße der Welt, ziehen vorbei in Richtung Hamburg, der größten Stadt an diesem Fluss, dem flächenmäßig größten Hafen der Erde. Aber woher kommt das Wasser, das hier in die Nordsee fließt? Wo entspringt die Elbe?

Es lohnt sich, mit dem Fahrrad diese Fragen zu erkunden und dem 1187 Kilometer langen Flusslauf zu folgen. Nicht unbedingt alles auf einmal. Auch Stück für Stück lässt sich die einzigartige Vielfalt von Landschaft, Natur und Kultur erleben.

Auf 1346 Metern Höhe entspringt die Elbe im tschechischen Riesengebirge. Hier beginnt ein Traum für Natur- und Fahrrad-Liebhaber. Die beeindruckende Bergwelt rund um die Schneekoppe bildet das Elbquellgebiet. Das Wasser der Hochmoore sammelt sich zu einem Flüsschen und rauscht zu Tal. Auf den ersten 25 Kilometern fällt die Elbe um etwa 870 Höhenmeter. Nach 168 Kilometern wird der südlichste Punkt erreicht. Von hier bis nach Cuxhaven sind es noch ca. 1000 Kilometer, mit einem Gefälle von gerade einmal 220 Metern. Mit anderen Worten, der Verlauf des Wassers ist nahezu flach. Damit beantwortet sich auch die Frage, welche Fahrtrichtung für eine Radreise entlang der Elbe die richtige ist: Flussauf- oder -abwärts? Es bleibt sich ziemlich gleich. Eher sollte der Wind berücksichtigt werden, und der weht nun einmal überwiegend von Westen, also von der Mündung her.

Mit jedem Zulauf wird der Fluss größer. Freundliche alte Städtchen empfangen den Radfahrer mit ihren Kirchen, bunten Häusern und herrschaftlichen Schlössern. Durch Naturschutzgebiete und vorbei an entlegenen Dörfern geht die Fahrt. Aufregend ist ein Abstecher ins goldene Prag. Bei Mělník mündet die Moldau in die Elbe, die sich ab hier durch herrliche Berg- und Hügellandschaften schlängelt. Beeindruckend sind Form und Ausmaß der Böhmischen und Sächsischen Schweiz. Die Elbsandsteine bilden einen einzigartigen und gewaltigen Anblick. Dresden und Meißen locken zu einem Besuch. Dann säumen Weinhänge den Weg. Die Sächsische Weinstraße lädt zu edlen Tropfen ein.

Immer breiter wird der Fluss. Die Weite der Elbtalauen beeindruckt mit ihren unzähligen Vogelarten und den vielen blühenden Pflanzen. Weißstörche zieren die Landschaft und bevölkern ganze Dörfer, Greifvögel gleiten über die Köpfe dahin. Das Tor zur Welt – Hamburg – taucht auf und Riesenschiffe dominieren das Bild. Dann kündigt die Kugelbake bei Cuxhaven das Ende der Reise an: Der mächtige Fluss verbindet sich mit der Nordsee. Die Elbe von der Entstehung bis zur Mündung zu begleiten ist eine der interessantesten Flussreisen Europas, absolut erlebenswert.

Radreisen in der Tschechischen Republik

Fahrrad fahren ist in Tschechien Volkssport. Obwohl das Land überwiegend bergige Regionen aufweist, sind an Wochenenden, Feiertagen und in den Ferien ganze Familien, Vereine, Sportgruppen und wer sonst noch in der Lage ist, in die Pedale zu treten, unterwegs. Das Fahrrad ist ein äußerst populäres Freizeitgerät.

Radwegeausschilderung Tschechien

Die Tschechische Republik hat in den letzten Jahren intensiv daran gearbeitet, ein attraktives Netz von nationalen und internationalen Radfernwegen zu erarbeiten (»Nationale Strategie der Entwicklung des Fahrrad-Verkehrs«). Die empfehlenswerte Broschüre »Radfahren in grenzenloser Weite« verdeutlicht diese Bemühungen.

Es besteht heute eine landesweit einheitliche, deutlich lesbare Ausschilderung – schwarze Ziffern auf gelbem Grund, z.T. Pfeile für die Fahrtrichtung und auch Angaben der folgenden Orte. Nationale Radfernwege haben ein- bis zweistellige Nummern, regionale Wege drei Stellen, lokale Wege vier Ziffern.

Eine wichtige Strecke im Land ist die Elberoute (Labská trasa) – Špindlerův Mlýn – Mělník Nr. 24, Mělník – Grenze Nr. 2. Der Verlauf ist natur- und meist flussnah gewählt, abseits der Autostraßen, was der Fahrt in einigen Abschnitten (noch) einen gewissen sportiven und abenteuerlichen Charakter verleiht. Da der Weg auf dem Abschnitt bis Mělník besonders naturnah geführt wird, ist er z.T. schmal und uneben und daher unserer Meinung für Familien mit jüngeren Kindern bzw. mit Kinderanhängern ungeeignet. Auch das Rennrad erscheint uns nicht empfehlenswert. Alternativen sind dann nur die stark befahrenen Straßen ohne Radweg.

Radreisen in Deutschland

Wegweisung in Deutschland

Bei der Reise durch sieben Bundesländer und ungezählte Landkreise kommt die föderale Vielfalt der Bundesrepublik Deutschland zum Ausdruck: Mindestens zehn unterschiedliche Schildgestaltungen treffen wir auf dem Weg von der deutsch-tschechischen Grenze bis zur Nordsee an. In drei regionale und damit auch personelle Zuständigkeiten ist der deutsche

Abschnitt des Elberadwegs eingeteilt: Nord, Mitte und Süd. Jedoch, zumindest das Logo des Elberadwegs ist überall einheitlich.

Links oder rechts?

Die Benennung der Flussseite richtet sich stets nach der Fließrichtung des Wassers, wird also von der Quelle aus betrachtet. In vielen Abschnitten des Elberadwegs in Deutschland gibt es die Möglichkeit, sowohl links als auch rechts des Flusses zu reisen. Wir haben den Schwerpunkt auf die unserer Ansicht nach attraktiveren Strecken gelegt. Dies entspricht weitgehend der so genannten Hauptroute. Dabei standen als Gesichtspunkte im Vordergrund: So wenig wie möglich Autoverkehr, schöne Landschaften, besondere Sehenswürdigkeiten und gute Wegeverhältnisse. Auf die Alternativstrecken weisen wir jeweils in kurzer Form hin.

Sehenswürdigkeiten und Kultur

Von der Quelle aus betrachtet folgen erlebenswerte Städte und Sehenswürdigkeiten in rascher Folge aufeinander. Wie an einer Perlenschnur aufgereiht, in immer kürzeren Abständen, kommt ein Highlight nach dem anderen. Über viele dieser Orte sind schon ganze Bücher geschrieben worden. Es würde den Rahmen dieses Fahrradführers sprengen, wollten wir hier alle diese wunderbaren Dinge angemessen und ausführlich behandeln. Unser Anliegen ist es, den Lesern einen Überblick zu verschaffen und Anregungen für die Schönheiten und den Erlebniswert der Elbe zu vermitteln.

Wer weitergehende Informationen wünscht, für den haben wir an den betreffenden Stellen Kontaktadressen aufgeführt, insbesondere der Tourismusbüros. Sofern existent, haben wir auch die jeweiligen Internetseiten

Natur pur – Campen im Nationalpark bei Spindlermühle

angegeben, über die weitere Angaben und häufig auch Informationsmaterial angefordert werden können. Wer sich tiefer gehend für Geschichte und Kultur interessiert, dem empfehlen wir die Literatur, die sich mit dem jeweiligen Thema detailliert beschäftigt, also Kunst- oder Reiseführer.

Unterkünfte und Kulinarisches

Spezielle Empfehlungen zu Übernachtungen und zu Restaurants sind stets mit dem Risiko behaftet, dass der Besitzer wechselt, und damit auch die Qualität, oder ein Betrieb seine Aktivitäten einstellt. Daher machen wir in diesem Buch keine differenzierten Angaben. Ein Angebot ist in aller Regel überall vorhanden. Eher unübersichtlich ist die Lage für Nutzer von Jugendherbergen und Campingplätzen. Wir haben daher die zum Elberadweg nahe gelegenen Adressen im jeweiligen Kapitel aufgeführt.

Tschechien

Essen und Trinken gibt es nahezu überall entlang der Reiseroute, und dies auf einem preiswerten und qualitativ guten Niveau. Bei Übernachtungsangeboten schwankt nach unseren Erfahrungen die Qualität erheblich, aber auch die Preise differieren entsprechend. In kleineren Orten muss man oft nehmen, was geboten wird. In großen Städten ist das Angebot umfangreicher. Diese Aussage gilt insbesondere für die Streckenabschnitte zwischen der Elbquelle und Mělník.

Deutschland

Die Versorgungslage ist im Allgemeinen überall gut, auch wenn nicht an jeder Ecke, wo man es gerne hätte, sich gleich ein Café befindet. Bei den Unterkünften empfiehlt sich die Nutzung der drei Leporellos »Elberadweg«, in denen aktuell die fahrradfreundlichen und nahe zur Route gelegenen Unterkünfte verzeichnet sind. Die Adressen finden sich im Abschnitt »Reiseinformationen«.

Reiseinformationen

Nachstehende Angaben beziehen sich hauptsächlich und wenn nicht anders erwähnt auf die Tschechische Republik, da der Informationsbedarf hierfür am größten sein dürfte.

Anreise

Mit der Bahn: Es liegt in der Natur der Sache, dass die Bahnlinien dem Flusstal folgen. So auch an der Elbe. Sowohl in Tschechien als auch in Deutschland gibt es nahezu alle paar Kilometer eine Gelegenheit, einen Bahnhof zu erreichen. Viele große Städte sind an den (inter-)nationalen Fernverkehr angebunden.

Deutschland: Fahrradmitnahme im IC ist reservierungspflichtig und wegen der begrenzten Platzzahl empfehlenswert, im Regionalverkehr unproblematisch. Der Startpunkt Cuxhaven ist über Bremen oder Hamburg per RE zu erreichen. Deutsche Bahn AG: www.reiseauskunft.bahn.de. DB-Radfahrer-Hotline 0 18 05/15 14 15 (€ 0,12/Min. Achtung: Telefonischer Kartenkauf nur noch per Kreditkarte).
Tschechien: Fahrradmitnahme nach Tschechien nur in wenigen Fernzügen möglich. Rechtzeitig informieren! Fahrradmitnahme in Tschechien in allen Zügen mit Gepäckwagen oder -abteil unproblematisch und preisgünstig. Zum Startpunkt Špindlerův Mlýn/Spindlermühle entweder ab Praha/Prag oder Děčín/Tetschen, über Liberec nach Harrachov, oder nach Vrchlabí. Von dort per Rad zur Elbquelle. České Dráhy: www.cdrail.cz. Hotline +420 840 112 113, info@cd.cz. Telefon-Nonstop-Dienst in Deutsch und Englisch +420 224 614 030.

Mit dem Auto: Alle großen deutschen Städte an der Elbe sind per Autobahn angebunden (Hamburg, Magdeburg, Dresden). Nach Tschechien über Pilzeň/Pilsen oder Teplice via Praha/Prag – Hradec Králové. Die Tschechische Republik verfügt über gut ausgebaute Straßen.

Einreise

Seit Mai 2004 ist die Tschechische Republik Mitglied der Europäischen Union. Für Bürger der EU-Mitgliedstaaten genügt ein gültiger Personalausweis für die Ein- und Ausreise.

Auskunft

Informationszentren der Tschechischen Zentrale für Tourismus

Prag
Czech Tourism
CZ-12041 Praha 2-Vinohrady, Vinohradská 46
Tel. +420 221 580 611–2
Fax: +420 221 580 711–2
www.visitczechia.cz, www.czechtourism.cz,
info@czechtourism.cz, ic@czechtourism.cz

Berlin
Tschechische Zentrale für Tourismus
D-10969 Berlin, Friedrichstraße 206
Tel. 0 30/27 57 67 94
tourinfo@czech-tourist.de
www.czech-tourist.de

Wien
Tschechische Zentrale für Tourismus
A-1010 Wien, Herrengasse 17, Tel. +43 1 533 21 93, tourinfo-wien@czech.cz

Diplomatische Vertretung
Botschaft der Bundesrepublik Deutschland
CZ-11801 Praha 1, Vlašska 19, Tel. +420 257 531 481
www.german-embassy.cz, ZReg@Prag.auswaertiges-amt.de

Botschaft Republik Österreich
CZ-15115 Praha 5, Viktora Huga 10, Tel. +420 257 090 511
austrianembassy@vol.cz

Botschaft Schweiz
CZ-16200 Praha 6, Pevnostní 7, Tel. +420 220 400 611,
Vertretung@pra.rep.admin.ch

Fahrrad
Fahrrad fahren ist in Tschechien Volkssport. Daher ist in jeder größeren Stadt ein Fahrradgeschäft vorhanden. Nicht nur in den touristischen Regionen gibt es Fahrrad-Verleih-Stationen.
Für Deutschland empfehlen wir die Leporellos der Koordinierungsstellen Elberadweg (Adressen siehe Seite 14) zu besorgen.

Zeitzone
In Tschechien und Deutschland Mitteleuropäische Zeit (GMT+1); April–Oktober Sommerzeit (GMT+2)

Feiertage
Gesetzliche Staatsfeiertage und Ruhetage in Tschechien

1.1.	Tag der Erneuerung des selbstständigen tschechischen Staates, Neujahr
Ostermontag	
1.5.	Tag der Arbeit
8.5.	Tag der Befreiung vom Faschismus
5.7.	Tag der slawischen Glaubensapostel Kyrill und Method
6.7.	Magister Jan Hus (†1415)
28.9.	Tag der tschechischen Staatlichkeit
28.10.	Tag der Entstehung des selbstständigen tschechoslowakischen Staates (1918)
17.11.	Tag des Kampfes für Freiheit und Demokratie (1989)
24.–25.12.	Weihnachtsfeiertage

Gesundheit

Tschechien: Bei der Krankenkasse einen Auslandskrankenschein besorgen. Es empfiehlt sich zusätzlich der Abschluss einer Auslandsreise-Krankenversicherung für die Dauer des Aufenthalts, um keine Versorgungslücken zu haben. Impfungen sind nicht vorgeschrieben. Über eine Zeckenschutzimpfung unbedingt rechtzeitig durch den Hausarzt beraten lassen.

Kartenmaterial

Tschechien:

Für die Gesamtübersicht empfiehlt sich eine Karte im Maßstab 1:300 000 (Tschechien, RV Euro Cart, ISBN 3-575-11287-8).

Hilfreich sind detaillierte Karten für einzelne Regionen Maßstab 1:200 000 (Marco Polo, Generalkarte Großblatt 1/Westböhmen-Mittelböhmen, ISBN 3-89525-015-5; Großblatt 2/Ostböhmen-Westmähren, ISBN 3-89525-16-3; Großblatt 3/Ostmähren, ISBN 3-89525-017-1).

Wanderkarte für das Riesengebirge: Krkonoše-Střed/Riesengebirge Mitte, 1:25 000, ISBN 80-86170-05-5 (erhältlich bei der Tourist-Information Spindlermühle).

Für die gesamte Tschechische Republik gibt es touristische Karten »Turistické Mapy« im Maßstab 1:100 000, in denen sehr genau Fahrrad- und Wanderwege verzeichnet sind. SHOCart-Karten Nr. 202 (ISBN 80-7224-210-5), Nr. 204 (80-7224-217-2), Nr. 207 (80-7224-241-5), Nr. 208 (80-7224-273-3), Nr. 210 (80-7224-218-0). Verlag SHOCart, spol. sr.o., Vizovice, Tel. +420 577 687 204, www.shocart.cz, mapy@shocart.cz. Die Karten gibt es in vielen Geschäften und Tourist-Informationen vor Ort, können aber auch von Deutschland aus per Internet bestellt werden.

Deutschland:

RV Verlag, Länderkarte Deutschland, Maßstab 1:800 000, ISBN 3-575-33296-7

ADFC Radtourenkarten Nr. 6, 7, 8, 14, Maßstab 1:150 000, Verlag BVA

Radwanderatlas Elbe-Radwanderweg Bad Schandau-Magdeburg, Maßstab 1:75 000, ISBN 3-89591-042-2

Nett anzuschauen: Der Lauf der Elbe, Leporello, Schöning Verlag, ISBN 3-89917-101-2

Notruf

Tschechien

Polizei 158, Feuerwehr 150, Rettungsdienst 155

Deutschland

Polizei 110, Feuerwehr/Rettungsdienst 112

Öffentliche Verkehrsmittel

Deutschland

Elb-Fähren: Die Angaben zu den Betriebszeiten beziehen sich im Allgemeinen auf den Sommer (April–September), Stand 2004.

Zahlungsmittel

Tschechien

Tschechische Krone (Kč) = 100 Heller; im Umlauf sind Münzen zu 10, 20 und 50 Hellern sowie 1, 2, 5, 10, 20 und 50 Kronen, Banknoten zu 20, 50, 100, 200, 500, 1000, 2000 und 5000 Kronen.
Geldautomaten/Bankomat gibt es in jedem größeren Ort, für ec- und Kreditkarten (verbreitet sind Visa und Eurocard/Mastercard).

Öffnungszeiten

Tschechien

Post und Banken wochentags 8–18 Uhr
Geschäfte und Apotheken wochentags allgemein 9–18 Uhr, samstags 8–11/12 Uhr. In großen Städten auch sonntags offen.

Telefon

Landesvorwahlen
Tschechien +420
Deutschland +49
Österreich +43
Tschechien: Festnetz gut ausgebaut, Mobiltelefonnetze nahezu flächendeckend. Bei Inlandsgesprächen »0« vorwählen.

Unterkunft/Übernachtung

Tschechien

Campingplätze haben neben den allgemeinen Standards oft auch Hütten zu vermieten (Bettwäsche wird gestellt) und verfügen über eine Küche mit Kochgelegenheiten.
Hilfreich: Campingkarte der Tschechischen Republik 1:500 000, zu beziehen über die Tourismusbüros. (Es kann sein, dass einige der in der Karte verzeichneten Plätze nicht mehr bestehen).

Ferien auf dem Lande

Zertifizierte B&B-Angebote, Ferienhäuser und Campingplätze
Information- und Reservierungs-Service ECEAT CZ
CZ-61254 Brno, Šumavská 31b
info@eceat.cz, www.eceat.cz,
Tel./Fax: +420 541 235 080

Das blaue, geschwungene Elbe-e leitet den Radfahrer von Schöna bis Cuxhaven.

Deutschland
Die beste Informationsquelle, weil stets aktuell, bilden die drei Leporellos, die von den Koordinationsstellen für den Elberadweg herausgegeben werden. Hierin sind alle fahrradfreundlichen Unterkünfte aufgeführt, die am Streckenverlauf liegen und maximal 3 Kilometer vom Radweg entfernt sind. Darüber hinaus gibt es eine Vielzahl weiterer Privatzimmer, Pensionen und Hotels. Hierzu erhalten wir Gastgeberverzeichnisse von den zuständigen Tourismusbüros.

Koordinationsstellen Elberadweg
Abschnitt Süd: Dessau – Bad Schandau/Schöna
Tourismusverband Sächsische Schweiz
D-01814 Bad Schandau, Am Bahnhof 6
Tel. 03 50 22/4 95 - 0
E-Mail: sued@elberadweg.de

Abschnitt Mitte: Wittenberge – Dessau
Tourismusverband Elbe-Börde-Heide
D-39108 Magdeburg, Gerhart-Hauptmann-Straße 34
Tel. 03 91/73 87 90
E-Mail: mitte@elberadweg.de

Abschnitt Nord: Cuxhaven – Wittenberge
Tourismusleitstelle nördlicher Abschnitt
Elbschloss Bleckede
D-21354 Bleckede, Schlossstraße 10
Tel. 0 58 52/95 14 - 0
E-Mail: nord@elberadweg.de

Essen & Trinken
Tschechien
Im Allgemeinen ist die böhmische Küche vielfältig, recht üppig und hat manchen österreich-ungarischen Einfluss. Zu den traditionellen Speisen gehören vor allem Pilz- und Gemüsesuppen, darunter die allgegenwärtige Soljanka. Auf der tschechischen Speisekarte findet man häufig Schweinefleisch mit Knödeln, dazu Soßen, oft mit Sahne. Typisch sind saisonale

Spezialitäten (Pflaumen- und Aprikosenknödel, Obstaufläufe) ebenso wie klassische Gerichte (Schnitzel, Steaks und Hackfleischvariationen). Und natürlich darf Gulasch nicht fehlen. Fisch ist nicht so stark im Angebot. Auch auf ein Dessert muss man nicht verzichten. Bekannt sind u.a. Kuchen, Strudel, Gugelhupf, Palatschinken.
Neben den bekannten nicht alkoholischen Markengetränken gibt es heimische Säfte. Fehlen darf nirgendwo Bier (Pivo), das überwiegend als Pils angeboten wird. Bekannte Marken sind Budweiser, Pilsener Urquell, Staropramen, Gambrinus u.v.a. Daneben gibt es auch gute Weine (Vino), die überwiegend aus Südmähren kommen. An Likören und Schnäpsen kann man Becherovka (als Aperitif), Sliwowitz, Borowitz und Wodka probieren.

Deutschland
Es gibt eine Reihe von regionalen und lokalen Spezialitäten. In Sachsen sollte man zumindest einmal Quarkröllchen und auch Dresdner Eierschecke probieren, einen Elbewein kosten und an einem besonderen Schnaps nippen, an der Weinhefe. Zu Weihnachten ist Dresdner Christstollen weltbekannt.

Sprache

Tschechisch ist eine slawische Sprache, die dem deutschen Ohr wenig vertraut ist. Viele im Deutschen unbekannte Sonderzeichen über den Buchstaben zeigen Zischlaute oder Dehnungen/Verkürzungen an.
Eine kleine Einführung:
á = langes a
c = wie z in Zug
ch = ch wie in Buch
č = tsch
ď = dj
ě = je
í = langes I
ň = nj
ř = Mischlaut aus je und dsche
š = sch
ů = langes u
ý = langes dumpfes I
ž = wie g in Genie
z = stimmhaftes s wie in Rose
Lohnenswert und hilfreich ist ein Miniwörterbuch Deutsch-Tschechisch/ Tschechisch-Deutsch
Es wird viel Deutsch und Englisch gesprochen.

Wappen der bedeutenden Städte entlang des Flusses an der Elbquelle

AN DER ELBQUELLE

Bevor wir uns auf die Reise per Rad entlang der Elbe begeben, heißt es das Reich von Rübezahl zu erkunden. Das Riesengebirge ist Heimat wunderlicher Geschichten, aber auch einer herrlichen Natur- und Berglandschaft (Nationalpark Riesengebirge – Národní Park Krkonosský). Hier, an der Grenze zu Polen, entspringt die Elbe, oder besser gesagt, hier liegt das Quellgebiet. Es handelt sich dabei um große Hochmoorflächen auf über 1000 Metern Höhe, in denen sich das Wasser allmählich sammelt. Der tschechische Name »Labe« für die Elbe kann auf das alte schlesische Wort »labrig« zurückgeführt werden, was so viel bedeutet wie »ermüdend langsam«. Die Römer nannten den Fluss Albis, abgeleitet von »albico«, was »weißlich schimmernd« bedeutet. Hieraus leitet sich der deutsche Name Elbe ab.

Auf 1 346 Meter befindet sich offiziell die Elbquelle (Pramen Labe). Ganz sportlich Ambitionierte steigen tapfer in die Wanderschuhe und beginnen in Špindlerův Mlýn den Aufstieg. Da der Tag aber etwas länger werden wird, entschließen wir uns zu folgender Variante: Direkt vor dem Autokemp fährt die Seilbahn auf den Medvědín. Gleich morgens um 10 Uhr nehmen wir den ersten Sessellift und lassen uns hinauftragen. Vom Gipfel wandern wir in einer guten Stunde hinüber zur Elbe. Wir erleben grandiose Ausblicke auf die umliegenden Berge und hinunter ins Elbtal. Stetiges Plätschern be-

Info Informationszentrum/ Nationalparkverwaltung Krkonoše

Informační středisko Správy KRNAP, CZ-54351 Špindlerův Mlýn, Tel. +420 499 433 228 tesspindl@quick.cz, www.kmap.cz, geöffnet 8–16.45 Uhr.

Tourist-Informationszentrum: CZ-54351 Špindlerův Mlýn, Svatopetrská 173, Tel. +420 499 523 656, info@sendme.cz

Übernachtung: Camping Autokemp Medvědín, CZ-54351 Špindlerův Mlýn, Tel. +420 499 433 534, geöffnet 1.1.–31.12.

Darüber hinaus gibt es zahlreiche Übernachtungsmöglichkeiten: Privatzimmer, Pensionen und Hotels jeden Standards.

gleitet uns, denn überall in den Hochmooren sammelt sich das Wasser. Krüppelkiefern und riesige Wollgrasfelder bestimmen die Landschaft, dazwischen viele seltene Pflanzen, die hier im Nationalpark noch zu finden sind.
Von der Sesselliftstation ist der Wanderweg ausgeschildert. Wir laufen zur Vrbatova bouda, vorbei am Wasserfall Pančavska. Tief zu unseren Füßen mäandert fein die junge Elbe durch grüne Wiesen. An der Labska bouda biegen wir links ab und laufen durch die Hochfläche bis zur Quelle. Hier sind die Wappen der für bedeutsam gehaltenen Orte entlang der Elbe an einer Steinmauer aufgereiht. Die Quelle selbst ist in einen schlichten Betonring eingefasst. Der Blick hinein ist eher ernüchternd und wir fragen uns: Das soll die Elbe sein? Wenige Zentimeter hoch steht das Wasser, in dem einige Münzen liegen, hineingeworfen mit dem Wunsch, Glück zu bringen. Wenn man die Elbe zwischen Hamburg und Cuxhaven kennt, bekommt man diese so unterschiedlichen Bilder des Flusses nicht in Einklang.

Die Elbe – eingefasst von einem schlichten Betonring

Ein ausgeschilderter Wanderweg (roter Querbalken auf weißem Grund) führt uns hinab ins Tal. Etwa 10 Kilometer und gut 500 Höhenmeter sind bis nach Špindlerův Mlýn zurückzulegen. Zum Teil ist der Abstieg steil und der Weg uneben. Festes Schuhwerk ist auf jeden Fall zu empfehlen. Mit immer neuen Bildern und Ausblicken werden wir verwöhnt. Noch ist die Elbe ein Rinnsal. Doch schon fließt sie in gischtenden Kaskaden über moosbewachsene Felsen, bildet sich zu einem Wasserfall aus, stürzt in die Tiefe, sammelt weitere Wasser und formt sich mehr und mehr zu einem rauschenden Bach. Dann trifft die »Weiße Elbe« hinzu. Immer breiter wird das Elbebett, in dem gewaltige Geröllmassen auf dem Grund liegen. Wir können uns leicht vorstellen, welche Kräfte hier im Frühjahr zu Schmelzwasserzeiten wirken. Der Weg folgt dem Fluss durch den jetzt dichter werdenden Wald, Vogelgezwitscher begleitet uns, bis wir Špindlerův Mlýn erreichen.

Ein Fluss entsteht …

Hinweis: Gute Wandermöglichkeiten bestehen entlang der »Weißen Elbe« hinauf zum höchsten Berg des Riesengebirges, der Schneekoppe (Sněžka) und auf dem Grenzkamm zwischen Tschechien und Polen. Alle Wanderwege beschildert. Auch Fahrradtouren sind ausgewiesen.

leicht

68 km

5 Std.

Von Spindlermühle nach Jaromir

Špindlerův Mlýn – Vrchlabí – Dvůr Králové – Kuks – Jaroměř

Špindlerův Mlýn (Spindlermühle) liegt in einem Tal auf 700–850 Metern Höhe, etwa 10 Kilometer und 500 Höhenmeter von der Elbquelle entfernt. Es ist ein typischer Ferienort mit zahlreichen Privatzimmern, Pensionen und Hotels. Vor allem im Winter kommen viele Touristen in dieses schneesichere Gebiet zum Lang- und Abfahrtslauf. Seilbahnen führen auf die umgebenden Berggipfel. Mitten durch den Ort schlängelt sich die Elbe. Hier startet der internationale Elberadweg (Labská trasa) mit der tschechischen Nummer 24. Es gibt nur eine Straße, die talabwärts führt und die wir uns mit dem Autoverkehr teilen (Landstraße 295, gut asphaltiert, z.T. mit schmalem Seitenstreifen). Dafür brauchen wir nicht viel in die Pedale treten, unsere Räder rollen wie von selbst. Kurz hinter dem Ortsausgang ist die Elbe zum ersten Mal aufgestaut. Ein kurzer Stopp lohnt. Die mächtige Talsperre wurde 1916 errichtet, um die reißenden Kräfte der Elbe zu bändigen.

Und weiter geht der Fahrradspaß. Das Tal windet sich durch die Berge, die Räder rollen abwärts, immer mit Blick auf das neben der Straße dahinrauschende Wasser. Etwa 17 Kilometer sind es bis zum »Tor zum Riesengebirge« **Vrchlabí** (Hohenelbe), der ersten größeren Stadt an der Elbe. Sie ist eine der netten altböhmischen Kleinstädte und begeistert uns mit Fachwerkhäusern und den in Böhmen so typischen Arkadenbögen.

Mächtige Geröllmassen zeugen von gewaltigen Kräften des Schmelzwassers.

Renaissanceschloss Vrchlabí/Hohenelbe

Neben dem viertürmigen Renaissanceschloss im Park sind der Markt und die Einkaufsstraße sehenswert.

In **Vrchlabí** folgen wir der Ausschilderung erst in Richtung Trutnov, dann nach Hostinné. Diese Autostraße ist allgemein mäßig befahren. Sie folgt direkt dem Verlauf der Elbe, die sich durch die Wiesengründe schlängelt. Hinter Vrchlabí ist für Downhill-Fans das große Fahrradvergnügen zu Ende. Denn schon 25 Kilometer von der Quelle entfernt hat die Elbe bereits 870 Meter an Höhe verloren.

Bei **Klášterská Lhota** tauchen rote Sandsteinfelsen über der Elbe auf. Immer noch ist sie ein kleines Flüsschen. Ländliche Idylle umgibt uns mit den alten malerischen Holzbauernhäusern, den schmucken Blumenkästen und den blühenden Gärten. Die älteste Stadt der Region ist Hostinné. Die Altstadt mit ihrem großen Marktplatz empfängt uns. Neben dem Radnice/Rathaus steht ein Uhrturm, dessen Pendel durch eine Glasscheibe zu be-obachten ist. »Bewacht« wird der Platz von zwei riesigen Figuren an der Fassade. Zu sehen gibt es die gotische Dekanatskirche und die barocke Klosterkirche. Gegenüber dem Gymnasium begegnen wir zum ersten Mal einem Standbild von Kaiser Josef II., der den Beinamen »Schätzer der Menschheit« trägt, da unter seiner Regentschaft im 18. Jh. die Leibeigenschaft aufgehoben

Immer flussnah – Elberadweg in Tschechien

wurde. Einige Industriekomplexe befinden sich hier an der Elbe, darunter auch eine Papierfabrik mit einem ungeheueren Wasserbedarf, weswegen der Fluss aufgestaut ist. Hier gab es früher die ersten der so gefürchteten Industrieeinleitungen entlang des Flusses, deren Auswirkungen auch in Deutschland deutlich spürbar waren.

Wir fahren auf der Landstraße 325 durch Hostinné, folgen ihr bis zur F 16, hier Richtung Praha/Dvůr Králové, nach Bahngleisen und Elbbrücke links, auf der 325 bis zur nächsten Elbquerung, auf der Landstraße 299 Richtung **Dvůr Králové**.

Tourencharakter: Rasante Tour aus den Bergen herunter dicht an der Elbe, danach flacher, leicht hügelig, überwiegend asphaltierte Straßen, sonst gut befestigte Wege, mäßiger Autoverkehr. Attraktive altböhmische Städtchen mit interessanten Segenswürdigkeiten.
Kartenmaterial: SHOCart Nr. 204, 1:100 000.
Camping: Vrchlabí: Eurocamp Liščí Farma, CZ-54362 Vrchlabí, Tel. +420 499 421 656, geöffnet 1.1.–31.12., hotelcamp@lisci-farma.cz; Mostek: Camping Mostek, CZ-54475 Mostek, Tel. +420 493 719 279, geöffnet 1.6.–30.9.
Sehenswertes: Vrchlabí: Riesengebirgsmuseum, geöffnet Di–So 8–16 Uhr, CZ-54362 Vrchlabí, Tel. +420 499 456 708.
Tourist-Info: Vrchlabí: Städtisches Informationszentrum, CZ-54301 Vrchlabí, Krkonošská 8, Tel. +420 499 421 236, vrchlabi@nextra.cz; Nationalpark: Hauptinformationszentrum Riesengebirgs-Nationalpark, KRNAP – Informační centra Správy Krkonošského národního parku, CZ-54301 Vrchlabí, Náměstí Míru 223, Tel. +420 499 456 761, www.kmap.cz;
Dvůr Králové: Städtisches Informationszentrum Dvůr Králové nad Labem, CZ-54417 Dvůr Králové, Masarykovo nám. 2, Tel. +420 499 321 742, info@mudk.cz, www.mudk.cz; Jaroměř: Jaroměř Stadtinformation, CZ-55101 Jaroměř, Máměstí ČSA 52, Tel. +420 491 812 400, m-tour@mybox.cz

Hinter der Elbbrücke ändert sich das Landschaftsbild. Die weite Ebene weicht einer eher bewaldeten Hügellandschaft, die bis auf 500 Meter ansteigt.

Für Reisende mit Zelt ergibt sich hier die Chance, auf der Landstraße 325 rechts ab nach Mostek hinaufzufahren. Manche Serpentine ist zu überwinden, um direkt am Schwimmbad das Nachtlager aufzuschlagen.

Über Dolní Brusnice geht es nach Bílá Třemešá. Bei der Kirche links, um wieder zur Elbe hinunter zu gelangen.

Auf der Landstraße 299 radeln wir durch eine sanfte Hügellandschaft mit viel Wald bis Nemojov. Hier ist der Fluss aufgestaut. Hinter dem Ort biegt der Radweg 24 links ab, über das Wehr, und verläuft jetzt rechts der Elbe. Vor **Dvůr Králové** (Königinhof) weitet sich das Tal. Sobald wir wieder direkt ans Wasser kommen, biegen wir links ab über die Brücke ins Stadtzentrum. Eine Besichtigung der schön herausgeputzten Altstadt lohnt. Das Gesamtbild ist typisch für die altböhmischen Orte: der Marktplatz im Zentrum, die Säule in dessen Mitte, umstanden von der Bürgerhäusern mit ihren so charakteristischen Arkadenbögen. Daneben die alles überragende Kirche. Zurück an den Fluss folgen wir der Ausschilderung nach Jaroměř. In Žireč gibt es das Kloster zu sehen. Nur ein paar Kilometer weiter erreichen wir **Kuks**. Über der Elbe thront ein riesiger barocker Gebäudekomplex. Das imposant gelegene Kurhaus und das Schloss wurden unter Franz Anton Graf Sporck erbaut. Am schönsten ist es hier am Vormittag, wenn die Sonne direkt auf die Hauptfassade des Schlosses scheint, umstanden von den Steinplastiken von M. B. Braun, die sämtliche Tugenden und Laster darstellen. Im Gebäude ist die alte Apotheke zu besichtigen. Ein kleines Restaurant lädt zum Verweilen ein. Info: Státní zámek Kuks – Hospital, CZ-54443 Kuks, www.zamky-hrady.cz

Tipp Etwa 1 Kilometer vor der Stadt Dvůr Králové erleben wir »Afrika im Herzen Europas«. Es ist der Zoologische Garten mit der größten Kollektion afrikanischer Tiere in Europa. Tropische Häuser, Raubtiergehege, Primaten, Elefanten u.v.m. können wir auf Safari-Rundfahrten erleben. Zoologischer Garten, CZ-54401 Dvůr Králové n/L, Tel. +420 437 829 513–8, www.zoodk.cz, zoo.dk@zoodk.cz

Der Radweg wird jetzt zeitweise über die Elbwiesen geführt. Nach kurzer Fahrt erreichen wir **Jaroměř** (Jaromir). Durch die mächtigen Stadttore gelangen wir auf originalem Kopfsteinpflaster in die schöne Altstadt, oberhalb der Elbe gelegen. Hier lockt uns die Cukrána (Eiscafé und Konditorei) am zentralen Platz zu Naschereien. Blicken wir nach links über die Elbe, sehen wir am anderen Ende der Brücke die große Schlossfassade, hinter der sich heute die Kunstschule befindet.

Selten gewordene Romantik in Böhmen

leicht

51 km

4 Std.

VON JAROMIR NACH PARDUBITZ

Jaroměř – Josefov – Hradec Králové – Kunětická Hora – Pardubice

Die Altstadt von **Jaroměř** verlassen wir über die Brücke zum Schloss. Rechts folgt der Radweg 24 der Elbe, links geht es hinauf zur Festung **Josefov** (Josefstadt). Der Anstieg lohnt, denn wir gelangen hinein in diese Garnisonsstadt, die schon deutlich bessere Tage gesehen hat. Benannt wurde sie nach dem uns schon bekannten Kaiser Josef II., für den auch hier ein Denkmal aufgestellt wurde.

Zum Bau der Festung wurden 500 Millionen Ziegelsteine verwendet, die einzelnen Anlagen bildeten zusammen ein durchdachtes Verteidigungssystem. Doch belagert, geschweige denn erobert wurden sie niemals. Der Besuch der Festung mit Führung lohnt genauso wie ein Rundgang durch die Straßen dieser interessanten k.u.k. Stadt. Zu der über einem regelmäßigen, geometrischen Grundriss errichteten eigentlichen Soldatenstadt gehören vor allem Gebäude, die für die Soldaten und Offiziere sowie die Militärverwaltung bestimmt waren (Artilleriekaserne, Oberkommando usw.)

Es ist nicht nötig, auf den Radweg 24 zurückzukehren, sondern wir können Josefov nach Südwesten Richtung Hradec Králové verlassen. Kurze Zeit später treffen wir wieder auf den Elberadweg, dem wir linkselbisch durch eine seichte Hügellandschaft mit riesigen Wiesen und Feldern und mäßigem Autoverkehr über Skaliče, Lochenice und Předměřice nach Hradec Králové (Königgrätz) folgen. So gelangen wir, teilweise auf schmalem Pfad, die letzten Kilometer direkt am Elbufer entlang, ins Zentrum der Stadt.

Verkehrsarme Straßen zwischen Jaroměř und Pardubice

Ein Wassersportparadies bei Pardubice, unterhalb der Burg Kunětická hora

Hradec Králové ist die Metropole Ostböhmens, eine der ältesten böhmischen Städte und eine der schönsten in Tschechien. Sie trägt den Beinamen »Salon der Republik«. 1225 erstmals urkundlich erwähnt, wurde sie im 14. Jh. zum »Witwensitz« der böhmischen Königinnen. Wahrhaft eine königliche Stadt!

Geradewegs kommen wir, vorbei an den Resten des Schlesischen Tores, ins Stadtzentrum mit seinem großen Marktplatz. Wir bewundern die restaurierten Häuser aus der Kaiserzeit. Das historische Stadtensemble beeindruckt durch seine Größe und Vollständigkeit. Wir betrachten die

Tourencharakter: Ohne große Höhendifferenzen mit nur wenigen Sachen Steigungen, bis auf das kleine letzte Stück asphaltierte Straßen, wenig Autoverkehr. Attraktve historische Sehenswürdigkeiten.
Kartenmaterial: SHOCart Nr. 208, 1:100 000.
Camping: Malšova Lhota: Camping Stříbrný Rybník, CZ-50009 Malšova Lhota, Lhotecká, Tel. +420 495 262 407, geöffnet 15.5.–15.9. Svinary: Östlich der Stadt Hradec Králové, ca. 7 km vom Zentrum, in Svinary, direkt am Badesee gelegen. Da der Platz erst kurz vorher ausgeschildert ist, muss man sich den Weg dorthin ein wenig suchen. Vom Zentrum aus nach Svinary, oder auf der Fernstraße 11 bis zum Ortsausgang, dann rechts über den Fluss und dann auf der anderen Seite ca. 1 km zurück; Pardubice: Autokemp Cihelna, CZ-53009 Pardubice (wieder eröffnet, nicht in der Campingkarte verzeichnet).
Sehenswertes: Kunětická Hora: Hussitenburg, Tel. +420 466 415 428, www.pupce.cz, kuneticka.hora@email.cz; Pardubice: Východočeské muzeum, CZ-53007 Pardubice, Státní zámek 2, www.zamky-hrady.cz
Tourist-Info: Hradec Králové: Informationszentrum, CZ-50002 Hradec Králové, Gočárova 1225, Tel. +420 495 534 482, +420 495 534 485, icko@ic-hk.cz, www.ic-hk.cz; Pardubice: Info-Zentrum, CZ-53002 Pardubice, tř. Míru 60, Tel. +420 466 612 474, info@pardub.cz

aufragenden Gebäude der Mariä-Himmelfahrt-Kirche und der Hl.-Geist-Kathedrale.

Das kleine Eintrittsgeld für den Aufstieg auf den »Weißen Turm« ist gut investiert (Eingang gleich links von der Stadtinformation). Von oben haben wir einen beachtlichen Blick über den Marktplatz, die Dächer der Altstadt, die Elbe und die weitere Umgebung. Schöne alte Gebäude umgeben den Marktplatz, der leider ständig von Autos voll geparkt ist. Die Häuser mit ihren Arkadenbögen, von mächtigen Stützen und Säulen getragen, erzählen aus der Zeit, wo einst der Reichtum dieser Städte durch den Silberabbau in der Region gewonnen wurde.

Das Zentrum verlassen wir vom zentralen Platz (Velke námesti) in südlicher Richtung. Über die Ignáta Herrmanna queren wir den Fluss Orlice (Adler) und fahren auf der Hradecká bis zum Stadtring (Sokolská – Straße Nr. 31). Hier lohnt ein Abstecher nach rechts, hinüber zur Elbbrücke (most U Soutoku). Von dort haben wir den Blick auf den ersten größeren Zusammenfluss, die Einmündung der Orlice in die Elbe. Von jetzt an kann man bei der Elbe wirklich von einem Fluss sprechen.

Zurück zur Hradecká und zum Radweg 24. Auf der kleinen Landstraße rollen wir durch sanfte Hügel Richtung Sezemice. Vysoká nad Labem und Bukovina nad Labem werden passiert. In Dříteč halten wir uns rechts, um kurz danach die Elbe zu queren. In dieser weitgehend flachen Landschaft erhebt sich mit einem Mal ein etwa 300 Meter hoher Berg. Obendrauf thront die alte Hussitenburg **Kunětická Hora**. Erhaben blickt sie über das Land. Der recht steile Weg hinauf ist allemal die Mühe wert. Von oben erleben wir einen erhabenen Ausblick: Das weite Land, der weit geschwungene Elbbogen, der sich im Halbkreis bis nach Pardubice erstreckt.

Neben den archäologischen und geologischen Sammlungen gibt es hier Erfrischungen, Verpflegung und Übernachtung.

Ab Brozany verlässt die Radroute die Autostraße und verläuft zwischen Fluss-Elbe und Altarmen, vorbei an Schrebergärten und dem Kanuverein bis zum Campingplatz von Pardubice, der sich neben einem Erlebnis- und Freibad befindet. Rutschen, Sprungbretter und Volleyballfeld laden beim Blick über den Zaun ein.

Sehenswert – Schloss Pardubice

Nach 167 Kilometern erreicht die Elbe den südlichsten Punkt auf ihrem Weg zur Nordsee. Hier befindet sich die Stadt **Pardubice (Pardubitz)**, von wo es noch mehr als 1000 Kilometer bis Cuxhaven sind. Auf dieser Strecke verliert die Elbe nur noch etwa 221 Höhenmeter, obwohl Böhmisches Mittelge-

birge, Elbsandsteingebirge und Sächsische Weinstraße noch vor ihr liegen. Bevor wir überhaupt ahnen, in eine Stadt zu kommen, treffen wir rechts auf das Renaissanceschloss. Neu restauriert, erstrahlt es in vollem Glanz. Schon im Mittelalter war hier eine Festung, im 14. Jh. dann eine Wasserburg. Zu besichtigen sind die Rittersäle, die historische Waffensammlung und die Ausstellung des ostböhmischen Museums (Východočeské muzeum). Ein Gang durch diese Anlage und ein Blick vom Schlosswall sind für uns das Minimum, um einen Eindruck mitzunehmen.

Erzählt aus vergangenen Zeiten – das Rathaus von Pardubice/ Pardubitz

Durch den Torbogen gelangen wir in das Stadtzentrum. Pardubice schmückt sich mit einem der wohl schönsten Plätze Europas. Cafés und Restaurants laden zum Verweilen ein. Das harmonische Ensemble strahlt Ruhe und entspannte Atmosphäre aus. Auch hier können wir den Stadtturm ersteigen, um einen imposanten Rundblick zu haben. Die Renaissance-Fassaden der Bürgerhäuser, speziell das doppeltürmige Radnice/ Rathaus mit seinen reichhaltigen Verzierungen, ziehen uns in ihren Bann. Lange lassen wir die Blicke wandern und nur schweren Herzens setzen wir unsere Fahrt fort.

leicht

55 km

4,5 Std.

Von Pardubitz nach Kolín

Pardubice – Kladruby nad Labem – Týnec nad Labem – Kolín

Schattige Abschnitte auf dem Elberadweg

Von **Pardubice** aus wenden wir uns westwärts. Direkt entlang der Elbe radeln wir aus der Stadt. Über die Elbbrücke wechseln wir ans rechte Ufer, fahren unter der Hauptstraße hindurch bis zur nächsten Brücke, wo der Weg hinüber nach Svítkov führt. Linkselbisch folgen wir der Straße. Auf kleinen Land- und Dorfstraßen, manchmal auch über Feld- und Waldwege wird der Radweg 24 durch eine herrliche, seicht hügelige Landschaft geführt. Wir passieren Srnejdy, Lány und Opočínek und gelangen nach Valy. Hier berührt der Radweg kurz die Straße Nr. 2, biegt jedoch gleich wieder nach rechts ab, zur Elbbrücke. Der Blick auf den Fluss zeigt uns ein träge dahinfließendes Wasser, bedingt durch die alle paar Kilometer errichteten Staustufen. Durch Mělice gelangen wir an eine Seenland-

Tourencharakter: Ländliche Tour, sehr flussnah, viele alte Elbarme, häufig aufgestauter Fluss, ruhiges Wasser mit Seerosenfeldern, seicht hügelige Landschaft, teils unbefestigte Wege.
Kartenmaterial: SHOCart Nr. 208, Nr. 210, 1:100 000.
Camping: Břehy: Camping Buňkov, CZ-53501 Břehy, Ke hřští 251, Tel. +420 466 953 780, geöffnet 1.5.–30.10.; Kutná Hora: Camping Transit, CZ-28401 Kutná Hora, Malin 35, Tel.: +420 327 523 785, geöffnet 1.6.–15.9.
Tourist-Info: Kolín: Stadtinformation, CZ-28001 Kolín, Na Hradbách 157, Tel./Fax: +420 321 712 021, www.mukolin.cz, mic@mukolin.cz, mic-kolin@volny.cz

schaft aus Sand, Wasser, Birken und Kiefern. Baggerseen sind hier zu einem Paradies für Mensch und Tier geworden.

Über Břehy und Semín (der hier in Karten verzeichnete Campingplatz besteht nicht mehr) gelangen wir nach **Kladruby nad Labem** (Kladrub). Das in der Karte eingetragene Symbol für »Schloss« entpuppt sich als das Tschechische Landesgestüt, das für seine Zuchtpferde weltberühmt ist. Eine alte Pferderasse, Kutschpferde, die Kladruber, wird hier seit Generationen gezüchtet, als Schimmel für die weltlichen Herrscher, als Rappen für die kirchlichen Würdenträger. Es lohnt sich, einen Blick auf die historische Anlage zu werfen. Täglich ab 11 Uhr kann sie besichtigt werden. Reiten und Kutschenfahrten sind möglich (Kladruby n/L, Tel. +420 466 932 197, www.horses-kladruby.cz, mail.nhk@horses-kladruby.cz).

Beeindruckend ist die Ausdehnung dieses Gestüts. Kilometer um Kilometer geht es vorbei an Koppeln mit den weißen Pferden, zuerst die Stuten mit ihren Fohlen, dann die Jährlinge, die Zwei- und Dreijährigen. Schnurgerade führt die Straße bis zu den Stallungen und der Reithalle in **Františkov**. Vor den Gebäuden biegt die Straße links ab, der wir bis nach Labské Chrčice folgen. Dort biegt der Weg links ab, um gleich darauf wieder rechts auf einen Feldweg zu führen. Durch weite Feuchtgebiete, Schilffelder und entlang der Altarme der Elbe mit Möwenkolonien radeln wir hinüber an den Fluss und weiter an seinem Ufer entlang, bis wir kurz vor Týnec nad Labem wieder auf die Hauptstraße geführt werden. Der nicht immer komfortable Untergrund wird durch das imposante Naturerlebnis allemal wettgemacht.

Die Kladruber – weltberühmte Kutschpferde

Reich verziert – das Radnice/ Rathaus von Kolín

Týnec nad Labem taucht vor uns auf. Der Radweg führt nach Süden durch die Stadt, die nicht so gut erhalten ist, vorbei an der barocken Kirche und der Mariensäule. Von der großen Brücke blicken wir auf die Elbe, die, erneut aufgestaut, nun schon schiffbar ist. Vom Zentrum setzen wir rechtselbisch unsere Reise fort. Nach kurzer Fahrt auf der Straße nach Bělušice werden wir auf eine Sandpiste geleitet (Wanderweg mit grüner Kennzeichnung). In herrlicher Ruhe, vorbei an kleinen Seen mit Schilfbestand und zahlreichen Wasservögeln, sind wir unterwegs. Dann geht es einen sandigen Feldweg hinauf. Von oben haben wir eine schöne Aussicht über das Elbtal. Nun erkennen wir auch, dass wir ein wenig im Zickzack geleitet werden, damit wir nicht zu lange auf der Hauptstraße (322) nach Kolín radeln müssen. In einer rasanten Abfahrt geht es von der Höhe von Lžovice ins Tal auf die 322, der wir rechts ein Stück nach Westen folgen, ehe uns links ein weiterer Feldweg an die Elbe zurückführt. Weite Natur, die Nähe zur Elbe und Einsamkeit kennzeichnen diesen Streckenabschnitt.

Kutná Hora (Kuttenberg)
Die Brücke von Týnec nad Labem bietet nicht nur Gelegenheit zu einem Blick auf die Elbe. Sie ist auch die Chance, einen Abstecher zu einem UNESCO-Weltkulturerbe zu machen. Südlich der Elbe liegt Kutná Hora (Kuttenberg). Diese Stadt war im Mittelalter die bedeutendste und reichste Stadt Böhmens, und sie war Residenz von König Wenzel IV. Beeindruckende architektonische Denkmale sind hier zu entdecken, darunter die einmalige St.-Barbara-Kathedrale aus dem 14 Jh., die gotische St.-Jakobs-Kirche, die ehemalige Münze Welscher Hof im italienischen Stil, mehrere Patrizierhäuser, das Fürstenhaus oder auch das Kastell (Hrádek). Makabere Sehenswürdigkeiten sind das Beinhaus und die Friedhofskapelle des Klosters von Sedlec. Hier sind Schmuckstücke aus Knochenüberresten von über 30 000 Menschen zu bestaunen.

Die Fließgeschwindigkeit der Elbe ist nahezu gleich null. Mit den großen Wasserrosenfeldern liegt sie wie ein See da. Besonders im Sommer, wenn es einige Zeit nicht geregnet hat, kann dieser teilweise schmale und sandige Weg etwas beschwerlich sein. Dann folgt man am besten weiter der Straße 322 bis Kolín, einer Asphaltpiste ohne Seitenstreifen und mit regem, schnellem Autoverkehr.

Kolín wurde 1261 als königliche Freistadt gegründet. Die Stadt gilt als ein vorzügliches Beispiel für den entwickelten mittelalterlichen Städtebau, der schon im 13. Jh. einen regelmäßigen Stadtgrundriss mit Straßen und Marktplätzen vorsah. Aus der späteren Zeit sind bedeutende, im Hochbarock gehaltene Bürgerhäuser und eine seltene barocke Synagoge im ehemaligen Ghetto am Westrand der Stadt erhalten geblieben. Die historische Altstadt befindet sich auf der linken Elbseite. Hinter der großen Brücke geht es steil hinauf zum Marktplatz.

Als außerordentlich wertvolle Leistung gotischer Baukunst wird die Pfarrkirche des hl. Bartholomäus geschätzt. Beeindruckend sind die Dimensionen der Kathedrale, die wuchtig das Stadtbild beeinflusst. Reich verzierte gotische Fenster, kunstvolle Balustraden und groteske Wasserspeier schmücken das Bauwerk. Auch der Marktplatz ist in seiner Ausdehnung mehr als großzügig für das 30 000 Einwohner zählende Städtchen. Typisch für die böhmischen Städtchen, präsentiert er sich mit dem Denkmal und der Säule in der Mitte, umstanden von barocken Bürgerhäusern mit ihren Arkadenbögen. Staunend stehen wir an der Nordwestecke vor dem Radnice, dem Rathaus, mit seinen interessant gestuften und mehr als reichhaltig verzierten Giebeln. Wir drehen uns einmal um uns selbst und freuen uns an den schmucken Bürgerhäusern, in denen uns Cafés und die Cukrána auch hier zu einer Erfrischung locken.

leicht

55 km

4,5 Std.

VON KOLÍN NACH LYSÁ NAD LABEM

Kolín – Poděbrady – Nymburk – Lysá nad Labem

Zur Weiterfahrt müssen wir zurück über die Elbbrücke an das rechte Ufer. Der Radweg 24 leitet uns auf schmalem Pfad immer am Fluss entlang. Weit und breit kein Mensch, kein Auto, kein Lärm, nur das Zwitschern und Trillern der Vögel und das Rauschen der Baumblätter. Dieser Abschnitt der Elberoute ist relativ neu und der endgültige Verlauf noch nicht genau festgelegt (dies kann sich bei Drucklegung dieses Buches bereits geändert haben). Um nicht mit einem Mal in der undurchdringlichen Wildnis zu landen, nehmen wir uns den kleinen Ort **Na Přívoze** zur Orientierung. Hier gibt es, zumindest im Sommer geöffnet, eine kleine Kneipe (Buffet) direkt neben dem Radweg. Wenn nicht anders ausgeschildert, biegt man vor dem Dorf rechts ab und fährt in Richtung Velký Osek. Entweder folgt man nach ca. 1 Kilometer links dem markierten Wanderweg durch den Wald oder von Velký Osek der Straße 125 nach Libice nad Cidlinou. Beide Strecken führen bis an die Brücke über den kleinen Fluss Cidlina. Gleich dahinter geht es links runter am Wasser entlang, unter der Fernstraße 32 hindurch bis an die Elbe. Rechts des Flusses gelangen wir hinein nach Poděbrady.

Rad fahren – Volkssport in Tschechien

Gegründet wurde die Stadt an der Elbe in der Nähe einer Furt. Im 13. Jh. wurde eine steinerne Burg errichtet, die nach zahlreichen Veränderungen auch heute noch steht. Die größte Blüte erreichte **Poděbrady** unter dem

Immer wieder ist sie aufgestaut – die Elbe bei Poděbrady

Geschlecht der Herren von Kunštát. Deren bedeutendster Vertreter war Georg von Poděbrad (Jiří z Poděbrad). Er wurde 1458 zum böhmischen König gewählt. Poděbrady ist ein Kurort, in dem man u.a. auf Herz-, Blutdruck- und Gefäßkrankheiten spezialisiert ist. Zu sehen sind das Schloss, die Geburtskapelle und das Reiterstandbild von König Georg, die Mariensäule, die Kirche der Erhöhung des hl. Kreuzes und das Elbmuseum.

Ist man an einem Wochenende in Poděbrady, so wird man deutlich mehr Inlinern und Fahrradfahrern als Autos begegnen. Die Stadt an der Elbe mit ihrer schönen Umgebung verleitet zu vielen Aktivitäten und zu Ausflügen ins Freie. Für Besichtigungen gibt es zahlreiche Gelegenheiten. Die Staustufe in der Elbe mit ihrer Schleusenanlage und dem Elektrizitätswerk, Burg und Schloss sowie der Markt mit seinen alten Gebäuden locken zum Ansehen und Fotografieren.

Der Elberadweg 24 verlässt direkt am Fluss die Stadt. Breit und mit gutem Asphalt unterlegt verläuft er rechtselbisch gut 9 Kilometer bis nach Nymburk.

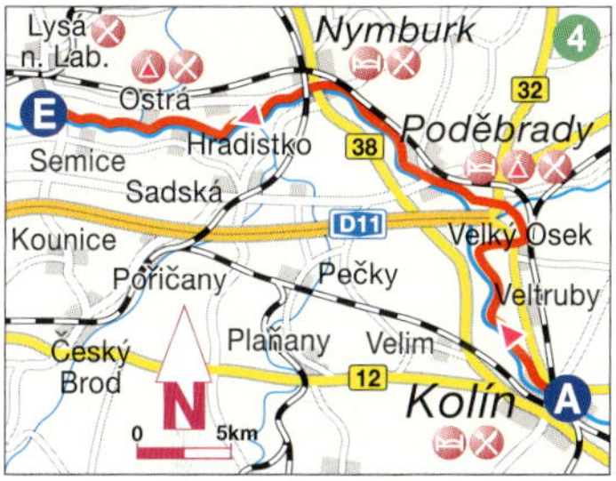

Tourencharakter: Tour von Stadt zu Stadt, auf flussnahen Pfaden bis zum Kurort Poděbrady, bestens asphaltiertem Radweg bis zur alten Stadtmauer von Nymburk, auf Wiesenpfaden zum Ostráer Badesee.
Kartenmaterial: SHOCart Nr. 208, 1:100 000.
Camping: Poděbrady: Camping Kemp Golf, CZ-29001 Poděbrady, Za Rádiovkou 428, Tel. +420 324 612 833, geöffnet 1.4.–31.10, kemp@kemp-golf.cz; See von Ostrá: Camping U Vody, CZ-28922 Lysá nad Labem, Ostrá 36, Tel. +420 325 551 645, geöffnet 15.4.–15.9.
Tourist-Info: Poděbrady: Informationszentrum, CZ-29001 Poděbrady, Náměstí Jiřího 1/L, Tel. +420 325 612 505, www.mesto-podebrady.cz, www.kic-podebrady.cz

Die Stadtmauer von Nymburk

Die alte Königsstadt **Nymburk** war ehemals zur Festung ausgebaut. Vom Elbufer aus sieht man die mächtigen Stadtmauern mit ihren Zinnen und Türmen, die zu Beginn des 20. Jh. im romanischen Stil restauriert wurden. Heute kann man vor dieser Kulisse vor allem an den Wochenenden frisch vermählten Paaren bei ihren Hochzeitsfotos zuschauen. Der Marktplatz im Zentrum ist nicht so attraktiv, da nur wenige alte Bauwerke erhalten sind.

Unten an der Elbe geht es weiter auf dem Radweg Richtung Lysá nad Labem. Leider findet die wunderbare Asphaltstrecke beim letzten der Neubaugebiete unverhofft ein jähes Ende. Brachliegende Privatgrundstücke müssen rechts umfahren werden. Weiter fahren wir auf bereits vertrauten Wiesenpfaden. Und erneut ist die Elbe aufgestaut. Nicht so aber unser Radweg. Der wird auf zwar holperigem Pfad, dafür bestens ausgeschildert, hochpräzise daran vorbeigeleitet. Nach nur kurzer Zeit umgibt uns massives Vogelgezwitscher. Die Luft ist voll mit Uferschwalben. Diese Schwalben nisten direkt neben dem Fluss in den Lehmhügeln, die aussehen wie ein Schweizer Käse. Ein ständiges An- und Abfliegen ist zu beobachten, und wenn wir genauer hinschauen, sehen wir die Jungvögel, wie sie ihre Schnäbel nach Futter aufsperren. Neben den Lehmhügeln leuchten die Sommerwiesen mit üppig blühender Kamille, Bienen summen in der Luft, Rebhühner spazieren über die Freifläche und der Feldhase hoppelt vor unseren Füßen vorbei.

Still und ruhig liegt die Elbe da. Die üppigen Wasserrosenfelder bilden den Lebensraum für Libellen, die mit ihren artistischen Flügen bezaubern. Im z.T. mächtigen Schilfgürtel haben Wasservögel und auch der Rohrsänger ihr Zuhause. Große Pappeln säumen den Weg und laden zum Pausemachen ein, mit direktem Blick auf den Fluss.

Doch die Idylle bietet auch Schattenseiten. In diesem Abschnitt ist der Elberadweg wieder schmal und holperig. Auf der Höhe von **Kostomláky** erreichen wir die nächste Staustufe, die zu umfahren ist. Kurze Zeit später fließt die Vlkava in die Elbe und bildet vor ihrer Einmündung eine schier endlos wirkende Teich- und Seerosenlandschaft, in der Schwäne elegant ihre Bahnen ziehen. Eine schmale Holzbrücke führt hinüber. Davor steht ein Schild »Cyklisto veď kolo!«, zu Deutsch »Radfahrer absteigen«, was in diesem Fall wegen des steilen Anstiegs auf der Gegenseite unbedingt befolgt werden sollte.

Auf einer gut befahrbaren Schotterstraße, vorbei an Wochenendhäusern, gelangen wir zum See von Ostrá, den wir umfahren. Hier herrscht Urlaubsstimmung. Der Campingplatz ist ebenso gut gefüllt wie die Liegewiesen am Seeufer, und es wird fleißig gebadet. Im Dorf herrscht vor allem an Wochenenden das Parkplatzchaos. Denn mit PKWs und Bussen kommen unglaubliche Menschenmengen hierher zum Besuch des traditionellen Handwerkermarktes.

Zurück zu unserem Radweg. Er führt uns links am See herum, lässt das Dorf rechts liegen, vor dem Campingplatz geht er geradeaus und bringt uns dann links wieder bis an die Elbe. (Achtung: Hier schlechte Ausschilderung!) Auf der kleinen asphaltierten Straße rollen wir an herrlich gelegenen Ferienhäusern entlang der Elbe, bis zu der Stelle, wo wir die Landstraße 272 erreichen. Hier gilt es nun wohl überlegt weit reichende Entscheidungen zu treffen: Folgen wir schnurstracks der Elbe Richtung Mělník oder machen wir einen Abstecher, der uns in die schöne Hauptstadt des Landes führen wird? Unseres Erachtens gehört zu einer Reise entlang der Elbe unbedingt auch ein Besuch des nahe gelegenen Praha (Prag). Dazu dienen die folgenden Beschreibungen »Tour 5a« und »Tour 5b«. Wer auf Prag verzichtet, folgt der Beschreibung »Tour 5« entlang der Elbe. In Mělník finden mit der »Tour 6« beide Routen wieder zueinander.

Für eine Besichtigung von **Lysá nad Labem** ebenso wie für die Fahrt nach Prag dürfen wir kurz vor der Elbbrücke die Asphaltstraße nicht wie ausgeschildert (Radweg 24) nach links verlassen. Wir folgen ihr vielmehr bis zur Landstraße 272 und dieser dann rechts Richtung Lysá nad Labem. Prag-FahrerInnen biegen an der Einmündung links ab und fahren über die Elbbrücke Richtung Český Brod.

leicht

53 km

4 Std.

Von Lysá nad Labem nach Mělník

Lysá nad Labem – Brandýs nad Labem – Mělník

Wenn wir uns entschieden haben, vorerst nicht nach Prag zu fahren, so liegen auf unserem Weg weitere Möglichkeiten für Abstecher nach Süden. Unter der Elbbrücke bei **Lysá nad Labem** hindurch, immer am Wasser entlang, rechts über den Kanal, kurz danach links, immer geradeaus, über die kleine Straße bis nach Byšičky, am Ortsende links, durch pure Natur bis an die Elbe und weiter am Ufer bis zur Brücke hinüber nach Čelákovice. (In diesem Ort treffen wir auf die Radtrasse Nr. 14, die nach Prag führt.) Stets dem rechten Elbufer folgend, kommen wir bis nach Novy Vestec, wo wir den Radfernweg Nr. 241 kreuzen, der über die Elbbrücke via Lázně Toušeň nach Prag leitet, bis zur Metrostation Ralská zahrada.

Am Ortsausgang von Novy Vestec queren wir die Jizera (Iser), fahren gleich links und folgen der Autostrecke. So gelangen wir direkt in die Altstadt von Stará Boleslav (Altbunzlau). Hier residierte Fürst Boleslav, der Bruder des Königs Wenzel. Aus Streit um den Thron und die Staatsreligion ließ Boleslav 929 seinen Bruder ermorden. Wenzel war ein Vorkämpfer für

Jürgen Reimer on Tour

Tourencharakter: Ländliche Tour, sehr flussnahe, seicht hügelige Landschaft, unbefestigte Wege und asphaltierte Straßen, hinauf in die alte fürstliche Stadt Mělník.
Kartenmaterial: SHOCart Nr. 208, 1:100 000.
Camping: Stará Boleslav: Camping Proboštské Jezero, CZ-25002 Stará Boleslav, Tel. +420 326 911 620.

Schloss Mělník kündigt vom Zusammenfluss Elbe/ Moldau

das Christentum. Viele Legenden erzählen von den Wundern, die der Schutzpatron Böhmens bewirkt haben soll. Er wurde später heilig gesprochen. Der große berühmte Platz in Prag ist nach ihm benannt. Lohnenswert ist ein Blick auf die beiden Kirchen am Marktplatz. Die Wenzelkirche ist wie aus mehreren Bauwerken ineinander verschachtelt. Wuchtige Säulen tragen das Kirchendach. Bilder erzählen von Wenzels Wundern.
Wir haben quasi eine »Doppelstadt« erreicht. Rechts der Elbe befindet sich **Stará Boleslav**, links **Brandýs nad Labem**. Erst seit 1960 bilden die beiden eine kommunale Einheit. Drüben, am linken Ufer, erhebt sich das schöne Renaissanceschloss.
Ab der Elbbrücke, die Stará Boleslav mit Brandýs nad Labem verbindet, folgt der Radweg dem rechten Elbufer bis zum Seengebiet Proboštské Jezero. Am rechten Seeufer führt unser Weg bis zur Autostraße 331, dieser links folgen bis Borek, hier die erste Möglichkeit links ab, über das Flüsschen, rechts um den Altarm, bis zurück an die Elbe, der wir bis zur Brücke (Landstraße 244), die hinüber nach Kostelec nad Labem führt, folgen. Weiter geradeaus und jetzt nahezu ohne Unterbrechung am Fluss bleiben, bis wir Mlékojedy erreichen. Durch den Ort, unter der Eisenbahnbrücke hindurch (gegenüber am anderen Flussufer liegt Neratovice). Kurz vor Tuhaň rechter Hand ein See, danach rechts weg vom Fluss, durch den Ort, weiter zur Fernstraße 9, diese queren nach Kly. An der Kirche links bis zur Elbe, dem Uferverlauf rechts folgen, durch die Feuchtgebiete, bis zum erneuten Zusammentreffen mit der Fernstraße 9, die uns nach **Mělník** hinein leitet. Die Straße Pražská entlang, rechts in die Cukrovarská, links Mladoboleslavská, bis zur kpt. Jaroše, und dieser folgen bis zum Marktplatz (náměstí Míru).
Ortsbeschreibung Mělník siehe Tour 6.

leicht

50 km

4 Std.

5a
Von Lysá nad Labem nach Prag

Lysá nad Labem – Praha

Der kürzere Weg nach Prag führt von der Elbbrücke südlich von **Lysá nad Labem** auf der Landstraße 272 in Richtung Český Brod. Auf wenig befahrenen Sträßchen, über die Dörfer, wollen wir uns der Großstadt nähern. An der ersten Abzweigung fahren wir rechts nach Přerov nad Labem. Wir folgen dabei der Radtrasse Nr. 14, die zurzeit leider noch nicht durchgehend ausgeschildert ist. Nach kurzer Zeit kommen wir in die ländliche Idylle dieses Ortes, der nicht unbedingt in jedem Reiseführer Erwähnung findet. Die Eisdiele lockt mit ihren Köstlichkeiten, und dann werden wir von dem schönen, kleinen Freilichtmuseum überrascht. Alte, liebevoll hergerichtete Bauernhäuser verschiedener Epochen sind hier zu bewundern. Auch das Schloss im Ort ist eines Blickes würdig.

In **Přerov nad Labem** rechts nach Čelákovice abbiegen. Hier erreichen wir vorerst die letzte Stadt an der Elbe. Nun geht es in Richtung Zeleneč, die Hügel hinauf und hinunter, an endlosen, sich im Wind wiegenden Kornfeldern entlang. Von Zeleneč folgen wir der Bahnlinie bis Praha-Horni Počernice, dem ersten Vorort von Prag. Bevor die Straße links über die Bahn führt, treffen wir auf die Radweg-Ausschilderung Nr. 0035. Ohne diese Ausschilderung finden wir kaum den Weg unter der Autobahn hindurch zur Metrostation »Černy Most«.

Hinweis: Die Nutzung der Metro ist auf jeden Fall attraktiv, da die Fahrt nicht teuer und die Fahrradmitnahme unproblematisch ist. Unbedingt

Tourencharakter: Hügelige Tour durch weite Felder, vom Elbtal zum Moldautal. Überwiegend auf asphaltierten Straßen geführt, vor Prag auf eigenen, befestigten Radwegen.
Kartenmaterial: SHOCart Nr. 208, Nr. 207, 1:100 000.
Camping: Stará Boleslav: Camping Proboštské Jezero, CZ-25002 Stará Boleslav, Tel. +420 326 911 620. Campingplätze: Das Angebot ist groß. Es bestehen allein im Stadtgebiet über 10 Plätze, mit Umgebung von Prag sind es über 50 Möglichkeiten.
Unterkunft: Hotels/Pensionen/Privatzimmer in großer Zahl und in allen Preisklassen.
Aktuelle Infos über Prag: www.prague-info.cz
Tourist-Info: Prager Informationsdienst (Pražska informační služba), CZ-11000 Praha 1 - Staré Mesto, Altstädter Ring 1 (Staroměstské náměstí 1), Altstädter Rathaus, Tel. +420 12 444 (täglich geöffnet April–Okt. 9–19 Uhr, Sa/So 9–17 Uhr, Nov.–März 9–18 Uhr, Sa/So 9–17 Uhr; Informationen auf Deutsch und Englisch Mo–Fr 8–19 Uhr), www.pis.cz, info@pis.cz; Prager Informationsdienst (Pražská informační služba), CZ-11000 Praha – Nové Mesto, Na Príkope 20 (geöffnet April–Okt. 9–19 Uhr, Sa/So 9–17 Uhr, Nov.–März 9–18 Uhr, Sa/So 9–17 Uhr), www.pis.cz, uts@pis.cz; Stadtführungen/Stadtrundfahrten: Stadtrundfahrten können bei zahlreichen Reisebüros im Zentrum bestellt werden. Stadtführer findet man entweder direkt vor dem Altstädter Rathaus oder über Prager Informationsdienst, Pragotur – Stadtführer, Tel. +420 236 002 569, www.prague info.cz, guides@pis.cz, tourinfo@pis.cz; aktuelle und umfassende Infos über Prag: www.prague-info.cz; Infos über die Prager Burg, Geschichte, Veranstaltungen: www.hrad.cz

mögliche Sperrzeiten beachten! Der Tarifdschungel ist nur für Eingeweihte zu durchdringen. Aber es findet sich bestimmt ein freundlicher Mitmensch, der uns weiterhilft. Einen optimalen Punkt zum Aussteigen bildet die Station »Můstek« direkt im Zentrum (Info: www.dp-praha.cz/).
Selbstverständlich können wir mit dem Fahrrad der Beschilderung ins Zentrum folgen, begleitet von dem immer stärker zunehmenden Autoverkehr. Neu angelegt und ausgeschildert wird die Fortsetzung der Radtrasse Nr. 14, welche in Dolní Počernice auf die Nr. 1 trifft, die bis ins Zentrum führt.

Lysá nad Labem – Brandýs nad Labem – Praha (ca. 50 km)

Wer auf der »Tour 5« dem Elberadweg 24 bis Brandýs nad Labem - Stará Boleslav folgt, hat jetzt Gelegenheit, diese »Doppelstadt« anzuschauen. Rechts des Flusses befindet sich die Altstadt Stará Boleslav (Altbunzlau). Sehenswert sind hier die beiden Kirchen am Marktplatz, besonders die Wenzelkirche.
Folgen wir der Straße 610 nach **Praha/Prag**, so kommen wir durch Dřevčice. Die nächste Straße links führt nach Jenštejn, wo eine Burgruine zu sehen ist. Im Ort erst links, dann rechts nach Radonice. In Radonice links der Hauptstraße weiter Richtung Horní Počernice, folgen, doch schon nach wenigen Metern am Ortsende kreuzen wir den Radfernweg Nr. 241, der uns, von Lázně Toušeň kommend nach Prag leitet. Über Satalice, wo wir links abbiegen, die Schienen überqueren und dann geradeaus bis zur Schnellstraße radeln, die wir überqueren und dann links bis zur Metrostation Ralská zahrad. Die Bahn bringt uns schnurstracks ins Zentrum der Landeshauptstadt (siehe Seite 36).

Karlsbrücke mit Altstädter Turm

Praha/Prag
Das steinerne Prag, das goldene, das magische, das hunderttürmige, Prag – Mutter der Städte ... Jedes dieser Attribute bringt eine bestimmte Seite der seltenen Schönheit der tschechischen Hauptstadt zum Ausdruck. Wenngleich die Geschichte von Prag bis ins 9. Jh. zurückreicht, ist es heute eine äußerst lebendige, moderne Stadt, in der man jedoch auf Schritt und Tritt faszinieren-

der Geschichte begegnet. 1,2 Millionen Einwohner leben in dieser Metropole der Tschechischen Republik.

Ihren Ursprung hat die Stadt in einer Siedlung unterhalb der Prager Burg, des Hradschins, in einem Bogen der Moldau (Vltava), an einem wichtigen Schnittpunkt bedeutender Handelsstraßen. Ausländische Kaufleute, die aus aller Welt kamen, vollzogen hier ihre Geschäfte und ließen sich hier nieder. Prag wandelte sich im 13. Jh. in eine mit allen Rechten ausgestattete Stadt. Unter Kaiser Karl IV. wurde sie im 14. Jh. zu einer der Hauptstädte der christlichen Welt. Hier wurde die erste Universität nördlich der Alpen gegründet und es gab eine bedeutende Künstlerbauhütte. Kaiser Rudolf II. machte Prag zu einem Zentrum von Wissenschaft, Kunst und Kultur. So wuchs Prag in die Barockzeit hinein, jene Zeit, die mit ihren Kirchenkuppeln, Palasthöfen und -gärten bis heute das Gesicht der historischen Stadt bestimmt.

Tipp Eine besonders beeindruckende Aussicht hinüber zur Burg und einen fantastischen Rundblick über die Stadt hat man in der Zeit der Abenddämmerung hoch über den Dächern der Stadt von der Restaurantterrasse des Hotel U Prince (Staroměstské náměstí 29, Praha 1 – gegenüber dem Rathaus).

So vielschichtig die Geschichte der Stadt ist, so faszinierend unterschiedlich sind die Sehenswürdigkeiten. Markant ist ein Blick von der **Burg (Hradschin)** hinunter auf die Moldau. Wir entdecken die Karlsbrücke und die markanten Türme der **Altstadt (Staré Město)**. Wir begeben uns zuerst zum Altstädter Ring (Staroměstské náměstí). Hier steht das gewaltige **Prager Rathaus** aus dem Jahre 1338. Die astronomische Kunstuhr an seinem Turm (Anfang 15. Jh.) misst schon seit Jahrhunderten die Zeit. Tausende von Touristen strömen jeden Tag zusammen, um zur vollen Stunde

Die astronomische Kunstuhr am Altstädter Rathaus

Altstädter Ring mit Rathaus und Teinkirche

das Glockenspiel zu hören und die zwölf Apostel vorbeiziehen zu sehen. Im Unterteil ist das Kalendarium mit Tierkreiszeichen angebracht.

Gegenüber dem Rathaus erhebt sich mächtig die **Teinkirche** mit ihren vielen Turmspitzen. Daneben dominieren die barocke **St.-Nikolaus-Kirche**, das **Palais Goltz-Kinský** im Rokoko-Stil, das Haus zur Steinernen Glocke (ein gotisches städtisches Palais, 14. Jh.) und das **Magister-Johann-Hus-Denkmal**. In der Pflasterung des Platzes sind die Hinrichtungsstelle der 27 böhmischen Herren (21.6.1621) und der Prager Meridian markiert.

Vom Altstädter Ring erreichen wir den **Pulverturm**, das Repräsentantenhaus, das **Ständetheater**, das **Rudolfinum** und das **Nationaltheater**. Interessant ist auch ein Ausflug in die **Josefstadt**, die Prager Judenstadt. Sie entstand im 13. Jh. und wurde Ende des 19. Jh. saniert. Daher sind heute nur noch einige der alten Bauten zu sehen, darunter die Altneusynagoge, die älteste in Europa erhaltene Synagoge überhaupt. Besonders zu empfehlen ist ein Besuch des alten jüdischen Friedhofs. Er wurde in der ersten Hälfte des 15. Jh. errichtet und diente bis 1787 als Begräbnisstätte. Mehr als 12 000 gotische, Renaissance- und barocke Grabsteine sind zu bewundern.

Im Zentrum bilden heute der **Wenzelsplatz** (Václavské náměstí) und die an ihn angrenzenden Straßen Národní und Na Příkopé das so genannte »Goldene Kreuz«, das lebendige Geschäftszentrum der Stadt. Beim Reiterstandbild des bekanntesten tschechischen Heiligen, dem Fürsten Wenzel, am oberen Teil des Platzes haben sich die Prager BürgerInnen immer

Metro in Prag
Die U-Bahn (Metro) fährt auf drei Linien (A, B, C) in kurzen Zeitabständen von 5 Uhr morgens bis Mitternacht (Fahrradmitnahme kostenfrei). Busse und Straßenbahnen (Tram) verkehren im 24-Stunden-Betrieb (tagsüber 4.30–0.15 Uhr, nachts eingeschränkt). Fahrscheine kauft man im Voraus in den Metrostationen, an Kiosken/Trafiken und an den Automaten auf der Straße. Dauertickets/Touristenkarten sind von Vorteil. Die Karten müssen vor Antritt der Fahrt in Kartenentwertern entwertet werden!
Zur Geschichte Prags gehören auch die Seilbahn (Lanovka) auf den Hügel Petřín (täglich 9–23.30 Uhr), die Dampfer (Parníky) für Aussichtsfahrten auf der Moldau (ganzjährig in Betrieb) und die Fiaker, die Pferdekutschen, die am Altstädter Ring auf ihre Fahrgäste warten.
Verkehrsbetrieb der Stadt Prag: www.dp-praha.cz
Hinweis: Es gibt die »Prague Card«, eine Dreitageskarte mit Nutzung aller öffentlichen Verkehrsmittel und freiem Eintritt in 44 Prager Denkmalsobjekte.

dann zusammengefunden, wenn es um grundlegende politische Veränderungen ging.

Über die **Karlsbrücke** (Karlův Most) mit ihren Sandsteinskulpturen geht es ans andere Ufer. Karl IV. ließ diese steinerne Brücke über die Moldau bauen und befestigte sie von beiden Seiten mit Türmen. Durch den Kleinseitner Brückenturm gelangen wir auf die Kleinseite (Malá Strana) und hinauf zur Prager Burg (Pražský hrad – Hradschin). Sie erstreckt sich auf einer Fläche von 45 Hektar um drei Burghöfe herum. Ursprünglich war sie die Residenz der böhmischen Fürsten und Könige. Seit 1918 ist sie der Sitz des Staatspräsidenten. Beeindruckend sind die Gebäude St.-Veits-Kathedrale, Alter Königspalast, St.-Georg-Basilika, Palais Lobkowitz, Pulverturm Mihulka und Turm Dalibor u.a. Aber auch das kleine **Goldene Gässchen** (Zlatá ulička) und die traumhaften Aussichten auf Stadt und Moldau faszinieren uns. Malerisch sind die angrenzenden Stadtviertel Hradčany und Kleinseite mit ihren monumentalen Adelspalais. Die Gärten am Hang (Waldstein, Ledeburg, Pálffy, Vrtbovská) lassen uns mit ihrer Schönheit und Ruhe die große Stadt vergessen.

Ein Bummel in den späten Abendstunden durch die winkligen Straßen und Gassen der Prager Altstadt hat seinen ganz besonderen Charme. Nahezu allein kann man unterwegs sein, denn die Touristenströme haben die Stadt längst verlassen. Die milde Beleuchtung taucht die alten Gebäude in ein sanftes Spiel aus Licht und Schatten und lässt die Stadt so ganz anders wirken als am Tage. Es ist wie der Eintritt in vergangene Zeiten.

5b
Von Prag nach Mělník

Praha – Mělník

mittel

62 km

5 Std.

Auf dem Moldau-Radweg

Eine Großstadt wie **Prag** per Fahrrad zu verlassen, ist immer wieder aufregend. Dem intensiven Gewimmel von Autos, LKWs, Bussen und Straßenbahnen können wir nicht entrinnen. So suchen wir den kürzesten, aber möglichst auch angenehmsten Weg.

Zum Ausgangspunkt unserer Reise entlang der **Vltava/Moldau** nehmen wir die Karlsbrücke, linkes Ufer. Von hier fahren wir auf der Hauptstraße (Letenská ul.) rechts, weiter geradeaus auf der nábr. Edvarda Beneše. Bei der Moldau-Brücke Čechuv Most geht links ein Weg steil nach oben (auch als Radweg nach Letná beschildert). Es ist eher eine Schiebestrecke hinauf zum Park Letenské Sady. Der Ausschilderung geradeaus folgen, erste Kreuzung links hinüber zum Technischen Nationalmuseum. Auf der Ovenecká geradeaus, bis zum Park Stromovka, hier rechts weiter auf dem Radweg, über die Bahngleise, nächste Straße links, vorbei am Planetarium, bis es rechts nach Troja geht, unter der Bahn hindurch an die Moldau.

Tourencharakter: Tour folgt dem Moldauradweg, z. T. sehr fussnahe, direkt am Ufer, durch die Berge links und rechts des Flusses. Wechsel von Betonplate, Kopfsteinplaster, Asphalt und unbefesigen Untergrund. Alternativen über die Berge auf asphaltierten Straßen sind gegeben.
Kartenmaterial: SHOCard Nr. 2007, Nr. 202, 1:100 000.
Camping: Troja: Es gibt mehrere Campingplätze in Troja, Infos unter www.prague-info.cz; Veltrusy: Camping Obora Veltrusy, CZ-27746 Veltrusy, Tel. +420 315 781 195, geöffnet 1.2.–31.12.

Wem der Aufstieg zu Beginn bei Čechuv Most zu schweißtreibend erscheint, bleibt unten auf der Straße und folgt dem Radweg Nr. 2, der unter dieser Nummer von Prag entlang der Moldau an die Elbe und dann bis zur tschechisch-deutschen Grenze führt. Immer der Hauptstraße und den Straßenbahngleisen folgend, kommen wir einem Halbkreis folgend bis vor die Prager Messe, dem Palast Průmyšlový. Von hier auf der Route 2 in Richtung Zoo, rechts in den Park Stromovka, vorbei am Planetarium, bis es rechts nach Troja geht, unter der Bahn hindurch an die Moldau.

Über die Moldau, dann links bis zur nächsten Straße (U trojského zamku) hinauf zum herrschaftlichen Barockgebäude zámek Troja mit Schlossgarten, einem wunderbaren Ort zum Pausemachen. Gegenüber dem Schloss liegt der Zoo.

Vom Schloss rollen wir zurück an die Moldau und wenden uns rechts auf einen unbefestigten, aber befahrbaren Weg, dem Radweg Nr. 2 folgend. Kurze Zeit später wird auch die Entfernung bis nach Dresden

Schloss Veltrusy

angegeben: 193 Kilometer. Bis nach Klecánky folgen wir nun weiter der Ausschilderung.

Hier gilt es eine wichtige Entscheidung zu treffen. Der nun folgende Abschnitt am Fluss entlang führt durch eine absolut bezaubernde Landschaft, ist aber eher etwas für artistisch ambitionierte Menschen. Denn für die etwa 5 Kilometer zwischen Řež und Libčice ist die Bezeichnung »direkt am Wasser« wörtlich zu nehmen, denn der alte Treidelweg ist sehr schmal und hat teilweise kaum einen Meter Abstand zum steil abfallenden Moldauufer. Bei Regen oder nach Hochwasser sollten wir auf dieses Teilstück verzichten.

Alternativ fahren wir von Klecánky rechts hinauf nach **Klecany**. Zwar müssen wir auf den nächsten Kilometern manches Auf und Ab bewältigen, dafür bewegen wir uns aber auf befestigtem Untergrund. Im Ort an der Vorfahrtstraße links, am Ortsende weiter geradeaus und an der nächsten Abzweigung rechts, nach Vodochody. Hier nach der Brücke links ab Richtung Dolánky wieder hinunter zum Fluss. Auf dem Radweg Nr. 2 fahren wir jetzt wieder am Moldauufer. Nach kurzer Zeit erreichen wir die Asphaltstraße nach Chvatěrubý und Kralupy. Hier nutzen wir die Brücke, um die Moldau zu überqueren. Direkt am linken Moldauufer geht es nun bis zur nächsten Brücke bei Veltrusy, wo wieder an das rechte Ufer geradelt wird.

In **Veltrusy** führt der Radweg direkt am Campingplatz vorbei. Ob wir hier übernachten oder daran vorbeiradeln, egal, die Überraschung nur ein paar hundert Meter weiter ist gegeben. Das Gebäude rechter Hand beeindruckt: Schloss Veltrusy mit seinen Gärten. Leider wurde es beim Moldauhochwasser 2002 stark in Mitleidenschaft gezogen und es bleibt zu hoffen, dass seine Restaurierung vollendet werden kann. Auf jeden Fall ist dieses 300 Hektar große Gelände ein herrlicher Ort für einen Pausenstopp.

Zusammenfluss von Elbe (links) und Moldau

Vom Schloss folgen wir der Radtrasse Nr. 2 auf einer wundervollen asphaltierten Allee nordwärts, unter der Autobahn hindurch, vorbei an riesigen Hopfen- und Getreidefeldern. Da kann es nicht lange dauern und die dazugehörige Brauerei taucht vor uns auf. Nach dem Dorf Bokul überqueren wir stillgelegte Bahngleise und biegen dann links ab zur Schiffshaltestelle nach Lužec. Nach der Moldauüberfahrt folgen wir gleich rechts der Straße, dann links bis zur Vorfahrtstraße, auf die wir rechts Richtung Chramostek und Zelčín einbiegen. Wenn wir die Bahngleise nach Osten überquert haben, wissen wir, dass wir richtig sind.

Sollten wir kein Schiff für die Überfahrt bekommen, folgen wir der Straße bis Zálezlice und biegen dann links ab, der Nr. 2 folgend, zur Moldau. Wir radeln entlang von zwei mächtigen, parallel verlaufenden Rohren, die auf riesigen Betonstelzen stehend sich durch die Landschaft ziehen. Sie sollen dem Wassertransport dienen. Dann kommen wir der Moldau näher. Wer jetzt auf eine Brücke hofft, wird bitterlich enttäuscht. Hier verläuft offiziell der Radweg Nr. 2 nach Mělník. Und auf die Nutzer dieser Trasse wartet jetzt eine besondere sportive Aufgabe. Treppen führen hinauf zu den Rohren, zwischen denen der Überweg verläuft. Auf der anderen Seite dann wieder treppab.

Wer diese Übung erfolgreich absolviert hat, steht am anderen Kanalufer vor neuen Aufgaben. Das sonst so zuverlässige tschechische Ausschilderungssystem sorgt für allumfassende Verwirrung. Geradeaus Nr. 2, nach rechts Nr. 2, die Fähre von Lužec mit besonderen Zeiten. Wo also lang? Wir empfehlen, geradeaus auf der Betonplattenstraße weiter den Wasserrohren zu folgen, weil dieser Weg besser befestigt ist. Nächste Möglichkeit rechts ab, durch zwei schön gelegene sumpfige Seen, bis nach **Zelčín**. Hier treffen wir mit der oben genannten »Fährroute« wieder zusammen. In Zelčín folgen wir rechts der Asphaltstraße nach Vrbno. Hier biegen wir links ab und fahren über den Kanal. Jetzt können wir bereits unser Etappenziel am Horizont ausmachen. **Mělník** erhebt sich über der Ebene. Wir erreichen Hořín und biegen an der Vorfahrtstraße rechts ab.

Alternativ können wir in Vrbno auch der Beschilderung des Radwegs 2 folgen. Der unbefestigte Weg führt durch die Niederungen der Moldau und durch den Hořínsky Park hinein in den Ort.

Um nach Mělník zu gelangen, nehmen wir die nächste Möglichkeit wahr, rechts abzubiegen. Die kleine Straße führt zur alten Elbbrücke. Beide sind nicht im allerbesten Zustand, aber der Weg lohnt allemal. Denn von dieser Brücke (für den allgemeinen Verkehr gesperrt) wird uns der Blick auf eine ganz besondere Situation ermöglicht, den Zusammenfluss von Elbe und Moldau (Elbkilometer 311).

Unser Blick gleitet von der Brücke nach links oben. Dort thront oberhalb von Weinhängen Schloss Mělník. Rechts von uns, unterhalb des Schlosses, glitzert Wasser. Dort mündet der Lateralní kanál in die Elbe.

Bürgerhäuser in Mělník

leicht

52 km

4 Std.

VON MĚLNÍK BIS LEITMERITZ

Mělník – Roudnice – Terezín – Litoměřice

Schon vor mehr als tausend Jahren erhob sich an der Stelle des heutigen Schlosses **Mělník** eine fürstliche Holzburg. Grandios ist der Ausblick von hier oben auf die dicht bewaldeten Flussauen. Unser Blick gleitet den steilen Berghang hinunter, auf dem alte Rebstöcke wachsen. Zu unseren Füßen sehen wir den Lateralní kanál in die Elbe münden. Links davon treffen sich Elbe und Moldau. Und dort geschieht etwas Bemerkenswertes. Der große, wasserreiche und wirtschaftlich bedeutende Fluss, die Moldau, verliert seinen Namen. Von hier an heißt der Fluss »Elbe« (Labe).

Auch wenn sich das beschauliche Mělník heute nicht im neuesten Farbenkleid präsentiert, so ist ein Besuch des Marktplatzes allemal lohnenswert. Die den Platz umstehenden Bürgerhäuser entführen uns in vergangene Zeiten. Zeiten, in denen es noch keine Hausnummern und erst recht keine Postleitzahlen gab. Und trotzdem konnten Waren und Briefe zielsicher zugestellt werden. Man hatte den Häusern Namen gegeben, und wenn wir uns umschauen, so entdecken wir die Zeichen noch heute: Das Haus Zum blauen Stern, das Haus Zum Lamm, Zur Traube, Zum goldenen Stern, Zum Anker usw.

Zurück über die alte Elbbrücke, setzen wir linkselbisch in Brozánky rechts herum die Reise auf dem Radweg Nr. 2 fort. Die Ausschilderung führt uns unter der Fernstraße 16 hindurch. Vor der Brücke nicht links dem Straßenverlauf folgen, sondern rechts halten, unter der Brücke hindurch, geradeaus bis Dolní Beřkovice. Nach dem Ort kündigt sich mit seinem mächtigen

Tourencharakter: Auf asphaltierten Straßen durch eine bizarre Hügel- und Berglandschaft auf flacher Strecke zur alten Festungsstadt Terezín und der einstigen Bischofsstadt Litoměřice.
Kartenmaterial: SHOCart Nr. 202. 1:100 000.
Camping: Mělník: Camping Autokemp Mělník, CZ-27601 Mělník, Klašterní ul., Tel. +420 315 623 856, geöffnet 2.1.–30.12., autocamp.melnik@seznam.cz; Terezín: Autocamping Kréta, CZ-41155 Terezín, U sokolovny, Tel. +420 416 782 473, geöffnet 1.4.–30.10.; recht einfach, aber vorhanden; Litoměřice: Camping Slayoj, CZ-41201 Litoměřice, Tel. +420 416 734 481, geöffnet 1.5.–30.9., unterhalb der Stadt direkt am Fluss.
Sehenswertes: Terezín: Kleine Festung, CZ-41155 Terezín, Principova alej 304, Tel. +420 416 782 225, geöffnet Mai–Sept. 8–18 Uhr, Okt.–April 8–16.30 Uhr; Ghettomuseum Terezín, Tel. +420 416 782 577, Geöffnet: Mai–Sept. 9–18 Uhr, Okt.–April 9–17.30 Uhr.
Tourist-Info: Mělník: Informationszentrum, CZ-276 01 Mělník, náměstí Míru 11, Tel. +420 315 627 503, www.melnik.cz, infocentrum@melnik.cz; Terezín: Informationszentrum, CZ-41155 Terezín, náměstí Ceské armády 179, Tel. +420 416 782 616; Litoměřice: Stadtinformation, CZ-14201 Litoměřice, Mrové náměstí 15/7, Tel. +420 416 732 440, www.litomerice.cz, info@litomerice.cz

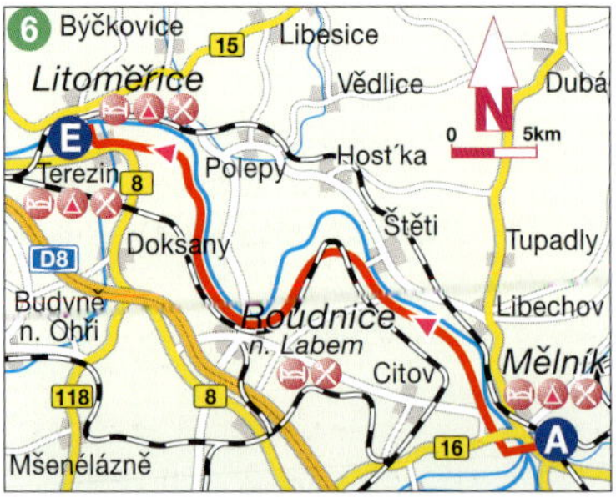

Typisch für altböhmische Städte – die Arkaden vor den Hauseingängen

Kühlturm das Kraftwerk von Mělník an. Wir fahren direkt am Werksgelände vorbei – irgendwie hat das etwas Unheimliches. In Horní Počaply verlässt uns endlich der recht starke LKW-Verkehr. Ab der Höhe von Stětí wird es endlich wieder ruhig auf unserem Weg. Hier biegt die Straße rechts ab zur Brücke ans andere Elbufer, doch bleiben wir linkselbisch, fahren geradeaus weiter und folgen der Beschilderung nach Račice. Der Radweg folgt dem Linksbogen der Elbe über Záluží und Dobřín nach **Roudnice nad Labem**.

Diese Stadt hat ein großes, leider noch nicht restauriertes Schloss, in dem sich heute das Konservatorium befindet. Steil führt rechts am Schloss die Straße hinunter, dann gleich wieder links zum Marktplatz mit zum Teil schönen, restaurierten Gebäuden, der leider von entsetzlich viel Autoverkehr gequält wird, was bei der ansehnlichen Szenerie keine Ruhe aufkommen lässt.

Roudnice bietet uns wieder Gelegenheit zur Überlegung und Entscheidung. Der Radweg Nr. 2 quert hier die Elbe und verläuft am rechten Ufer bis Litoměřice, fast die Hälfte der Strecke entlang der stark befahrenen Autostraße 261. Nach der Elbbrücke die zweite Straße links nach Vědomice, und immer geradeaus weiter über Černěves, Lounky, Křešice bis Litoměřice.

Wir wollen eine interessante Stadt ein kleines Stückchen abseits der Elbe aufsuchen und bleiben daher links des Flusses. Unser Zwischenziel heißt **Terezín** (Theresienstadt). Vom Marktplatz in Roudnice folgen wir der

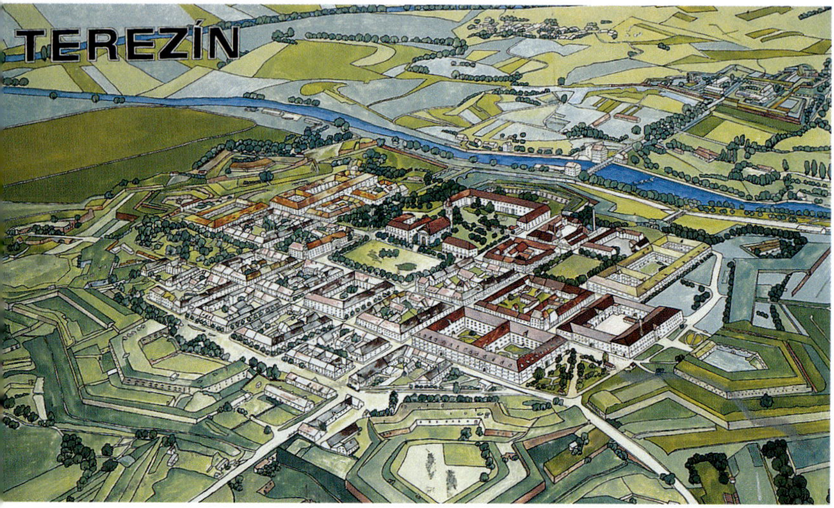

Garnisonsstadt Terezín mit Festungsanlagen

Hauptgeschäftsstraße wieder hinauf, am Ende links wieder auf die Hauptstraße, der wir rechts folgen. An der Kreuzung fahren wir geradeaus in Richtung Vědomice und Ždovice. In Hrobce an der T-Kreuzung rechts die Schienen überqueren, dann gleich wieder links Richtung Libotenice bis Nučničky. Wir radeln auf kegelförmige Berge zu, eine bizarre Landschaft, in der uns unsere Fantasie bei besonderem Licht dazu verführt, jeden Moment den Feuer speienden Ausbruch zu erwarten. In Nučničky gilt es die Richtung zu ändern, wir fahren links ab nach Westen zur Landstraße 608. Kurz davor geht es links nach Travčice. Hier rechts, an der T-Kreuzung wieder links bis zur 608, auf dieser rechts nach Terezín, leider mit regem Autoverkehr. Kurze Zeit später fahren wir an den äußeren Festungsmauern der Garnisonsstadt vorbei, bis wir zum Eingangsbereich der Gedenkstätte Theresienstadt kommen. Folgen wir der Hauptstraße, kommen wir geradewegs ins Zentrum.

Terezín/Theresienstadt wurde 1780 unter Kaiser Josef II. als Festungsstadt gegründet. Benannt ist sie zu Ehren der Kaiserin Maria Theresia. Der Aufbau des Kastells mit einer befestigten Gesamtfläche von 398 Hektar dauerte ungefähr zehn Jahre. Für den Bau brauchte man so viele Ziegelsteine, dass fünf Ziegeleien Jahr für Jahr 20 Millionen Stück brennen mussten.

Die Anlage stellt heute ein herausragendes Beispiel einer im Geiste klassizistischer Baukunst errichteten Militärfestung dar. Der Komplex besteht aus drei Teilen – der zentralen Festung mit der Garnisonsstadt, der so genannten Kleinen Festung und dem oberen und unteren »Wassertor«. Die Garnisonsstadt verfügt über eine regelmäßige, planquadratische Anordnung mit einem zentralen Platz und der klassizistischen Kirche vom Anfang des 19. Jh. Die Militärfestung mit den großformatigen Bastionen und den unterirdischen Kasematten ist so gut wie in unverändertem Zustand erhalten.

Zu negativem Ruhm gelangte Theresienstadt während des Zweiten Weltkriegs, wo die Stadt zum Ghetto umfunktioniert wurde. Ein Teil der Festung wurde zum KZ. Tausende von Menschen haben hier damals gelitten und ihr Leben verloren. Das Feld mit den Namenssteinen vor dem Festungseingang und die Gedenkstätte erzählen uns eindrucksvoll aus dieser Zeit.

Durch das Zentrum von Terezín gelangen wir bis an die Fernstraße 15. Dieser folgen wir rechts in Richtung Litoměřice. Etwa 2,5 Kilometer sind es bis zur Elbbrücke, von der wir zur einstigen Bischofsstadt hinüberblicken.

Litoměřice (Leitmeritz), eine der ältesten und bedeutendsten Städte in Böhmen, liegt in einer fruchtbaren Niederung an der Elbe und der Eger. Bereits im 11. Jh. haben hier die Przemysliden ein Kapitel ins Leben gerufen und eine romanische Basilika gegründet. In der Barockzeit wurde aus der Basilika eine Bischofsresidenz mit der Domkirche des hl. Stephan. Die Stadt ist geprägt durch die gotischen und barocken Bauwerke rund um den Marktplatz, der in seiner Ausdehnung wirklich beachtenswert ist. Schade, denn leider steht er meist voller geparkter Autos. Im Umfeld des Marktplatzes findet man eine Vielzahl hervorragender Beispiele der Renaissance-Baukunst (Rathaus, Museum, Haus Zum schwarzen Adler, Haus Kelch). Um das barocke Antlitz der Bischofsstadt haben sich in erster Linie Vater und Sohn Broggio verdient gemacht.

Gedenkstätte für die Opfer des KZs Theresienstadt

mittel

79 km

6 Std.

VON LEITMERITZ NACH BAD SCHANDAU

Litoměřice – Ústí nad Labem – Děčín – Schöna/Hřensko – Bad Schandau

Das Zentrum **Litoměřice** liegt etwas erhöht über der Elbe. Aber nicht nur zur Besichtigung dieser schönen Stadt lohnt der Aufstieg. Jeder Versuch, unten am Elbufer entlang die Fahrt fortzusetzen, ist mühsam, so verlockend die ersten Kilometer auf Asphalt und befestigtem Untergrund auch sein mögen. Letztendlich erwarten uns Schlamm, Schlaglöcher, Baumwurzeln und andere Unannehmlichkeiten. So bleibt es uns nicht erspart, die Höhe zu erklimmen und oberhalb der Elbe die Stadt zu verlassen. Am Ende des Marktplatzes linker Hand in die Straße Michalská, links herum folgen bis zur Querstraße, rechts in die Pekařska und dann Svermova.

Die Hauptrichtung ist **Ústí nad Labem**, leider zu Beginn entlang einer rege befahrenen Straße ohne Radfahrstreifen. Beim Bahnhof von Velké Žernoseky verlassen wir die Straße, links unter der Eisenbahnbrücke hindurch, und ab dem Fähranleger nun wieder direkt entlang der Elbe, der Beschilderung Nr. 2 folgend, bis Libochovany ohne Anstiege auf gut befahrbarer

Genuss Elberadweg – zwischen Bergen und Fluss hinter Litoměřice

Moderne Elbebrücke bei Ústì nad Labem

Tourencharakter: Abwechslungsreiche Tour durch das Böhmische Mittelgebirge, das Elbsandsteingebirge, wenige Steigungen, wenig Sandpiste, überwiegend asphaltierte Straßen und Radwege.
Kartenmaterial: SHOCart Nr. 202, 1:100 000; ADFC Radtourenkarte Nr. 14, 1:150 000.
Camping: Děčín: Camp Mezní louka, CZ-40502 Děčín, Mezní louka č.p. 37; Bad Schandau: Campingplatz Ostrauer Mühle, D-01814 Bad Schandau, Kirnitzschtal, Tel. 03 50 22/4 27 42, www.ostrauer-muehle.de, campmuehle@hotmail.com
Unterkunft: Bad Schandau: Jugendherberge Ostrau, D-01814 Bad Schandau, Dorfstraße 14, Tel. 03 50 22/4 24 08.
Fährverbindungen: Sächsische Dampfschiffahrt, D-01067 Dresden, Hertha-Lindner-Straße 10, Tel. 03 51/8 66 09 - 0 (Děčín–Königstein–Pirna: täglich 15.15 Uhr, Fahrradmitnahme kostenfrei, wenn ausreichend Platz vorhanden), www.saechsische-dampfschiffahrt.de, info@saechsische-dampfschiffahrt.de; Fähre Schöna–Hřensko (Fährzeiten täglich 8–21.55 Uhr), Personenschiffahrt Oberelbe Reederei Bernd Frenzel (Hřensko–Königstein–Rathen–Stadt Wehlen: Mai–Okt. täglich 14.15 Uhr, Fahrradmitnahme möglich (€ 2,-), www.elbeschiffahrt-frenzel.de; Prahmfahrt Edmundsklamm, täglich 9–18 Uhr, www.soutesky.cz/de/pramice.asp.
Nationalparks: Nationalpark Böhmische Schweiz (České Švýcarsko) und Prebischtor (Pravčická brána) unter www.cztour.cz/tourway_de.html; Nationalparkverwaltung, Informationsstelle Amselfallbaude, D-01824 Kurort Rathen, Amselgrund, Tel. 03 59 75/8 12 19, Öffnungszeiten: April–Okt. 10–16 Uhr, Mai–Sept. 10–17 Uhr; Nationalparkhaus Sächsische Schweiz, D-01814 Bad Schandau, Dresdner Straße 2 B, Tel. 03 50 22/502 - 30, www.saechsische-landesstiftung.de, nationalparkhaus@lanu.smul.sachsen.de, Öffnungszeiten: April u. Okt. täglich 9–18 Uhr, Nov.–März 9–17 Uhr (außer Mo).
Tourist-Info: Sächsische Schweiz: Tourismusverband Sächsische Schweiz e.V. (zuständig für den Bereich von Schöna bis Dresden), D-01814 Bad Schandau, Am Bahnhof 6, Tel. 03 50 22/4 95 - 0, www.saechsische-schweiz.de, info@sax-ch.de; Bad Schandau: Bad Schandauer Kur- und Tourismus-GmbH, Elbsandsteinreisen, D-01814 Bad Schandau, Markt 12, Tel. 03 50 22/9 00 30, www.bad-schandau.de, info@bad-schandau.de; Děčín: Stadtinformation Děčín, CZ-40502 Děčín, Prokopa Holého 808, Tel. +420 412 531 333, dezka@space.cz

Schotterpiste, durch den Ort, danach ist der Weg asphaltiert. Beeindruckend sind die Felsformationen, an denen wir im enger werdenden Elbtal entlangradeln. Mal links, mal rechts der Bahnlinie verläuft die Elbtrasse, nur ein Mal von einer 25%igen Steigung unterbrochen. Über Sebuzín und Brná geht es bis Střekov. Noch schmaler ist das Tal geworden, beidseitig ragen die Berge hinauf, während wir uns auf Flussniveau bewegen. Kurz vor Ústí nach Labem (Aussig) erhebt sich oberhalb der Staustufe in etwa 100 Metern Höhe düster und drohend Burg Střekov (Schreckenstein). Die Burgruine, 1318 zur Beherrschung der Handelswege errichtet, beherbergt heute ein Café/Restaurant mit Terrasse und herrlichem Ausblick. Die Staustufe mit Schleuse kann zu Fuß überquert werden, für einen Blick auf die Elbe und um ans andere Ufer zu gelangen.

Bis Ústí nad Labem ist der Elberadweg mit EU-Geldern ausgebaut, asphaltiert und ausgeschildert worden. Vorbildlich gelangen wir bis zur Brücke »Most Dr. E. Beneše«, die über die Elbe in die Stadt hineinführt. Der Radweg folgt weiter dem rechten Ufer. Hinter der Stadt kommt die hochmoderne Spannbrücke. Hier müssen wir uns auf die Hauptstraße 261 begeben, jedoch ist ein breiter Radfahrstreifen rot abmarkiert, was ein sicheres Fahren ermöglicht. Bei Malé Březno biegt rechts die Landstraße 260 ab. Sofort wird es deutlich ruhiger und die Radfahrer sind in der Überzahl.

Nebočady ist ein unscheinbarer Flecken und wäre kaum einer Betrachtung wert, wenn es nicht das zerstörerische Moldauhochwasser vom August 2002 gegeben hätte. Damals waren die tief liegenden Bereiche der Stadt Děčín vollkommen vom Wasser begraben, darunter auch das Gelände des ehemaligen Campingplatzes, den es komplett fortgespült hat. Er soll wieder aufgebaut werden. Als »Reservecamp« hat man hier in Nebočady beim Hotel und Freibad eine Möglichkeit geschaffen, sein Zelt aufzuschlagen (Hinweisschild unten an der Straße). Schön gelegen, aber etwa 5 Kilometer vor Děčín und nur über einen kurzen, steilen Anstieg zu erreichen.

Ab Boletice steigert sich wieder das Verkehrsaufkommen, wir nähern uns deutlich dem Etappenziel **Děčín** (Tetschen). Der Radweg 2 führt uns ins Zentrum. Durch die Innenstadt mit Fußgängerzone und vielen Einkaufsmöglichkeiten gelangen wir an die Elbbrücke.

Hier sehen wir auch den Anleger der Sächsischen Dampfschiffahrt. Von hier bis nach Meißen ist die Fahrt durch das Elbsandsteingebirge und entlang der Sächsischen Weinstraße per historischem Dampfschiff möglich.

Rein theoretisch ist es möglich, rechtsseitig der Elbe nach Hřensko zu fahren. Jedoch, die Hauptstraße 62 ist nicht nur schmal und ohne Seitenstreifen, sondern obendrein auch noch stark mit motorisiertem Verkehr belastet. Nur wer es ganz besonders eilig hat, setzt hier seinen Weg in Richtung Deutschland fort.

Schloss Děčín/Tetschen ragt über der Elbe auf

Problemloser Grenzübergang Tschechien/ Deutschland

Wir als Genießer radeln auf die Brücke, blicken von hier hinüber zum Schloss, hinauf zum exponiert liegenden Hotel und rechts flussab hinein in die wieder höher werdenden Berge. Hinter der Brücke rechts geht es nun wieder linkselbisch auf einer Piste mit zuerst grob gepflastertem, später asphaltiertem Untergrund. Verfahren können wir uns nicht. Der Weg folgt dem Fluss, der sich hier romantisch durch die grüne Bergwelt schwingt. Vom rechtsseitigen Verkehr bekommen wir nichts mit, dafür bewegen wir uns mitten in der Natur. Doch dann, wir fahren unmittelbar unterhalb der Bahnstrecke, stehen Pfosten auf dem Weg und markieren durch die Landesfarben Tschechiens die Grenze zu Deutschland. Weit und breit ist niemand zu sehen, nur ein kleines weißes Schild mit schwarzer Schrift »wacht« auf deutscher Seite und erläutert, welche gesetzlichen Bestimmungen hier einzuhalten sind.

Nur noch 2 Kilometer und wir erreichen unterhalb des ersten deutschen Bahnhofs **Schöna** (S-Bahn in Richtung Dresden) den kleinen Fähranleger. Mit dem Personenboot können wir hier übersetzen nach **Hřensko** (Herrnskretschen). Am anderen, dem rechten Ufer ist noch Tschechien. Dort mündet zu Füßen des Hotels Labe die Kamenice in die Elbe.

Es lohnt die Überlegung, sich übersetzen zu lassen! Von Hřensko dem Tal der Kamenice hinauf zu folgen, ist mehr als ein kleiner Ausflug. Es ist ein grandioses Erlebnis: Die Naturschönheiten der Böhmischen Schweiz erwarten uns. Am besten planen wir eine zusätzliche Übernachtung in Hřensko ein. Hotels und Pensionen sind zahlreich und in unterschiedlicher Preiskategorie vorhanden. Für Campingtouristen gibt es in dem ungefähr

5 Kilometer entfernt gelegenen Mezní Louka Stellplätze und Hüttenvermietung (Radweg Nr. 21 ins Tal hinein folgen).
Wir lassen die Räder stehen. Am Ortsausgang von Hřensko zweigt rechts ein Wanderweg ab und folgt der Kamenice. Wir gelangen hinein in ein Naturparadies. Steil ragen die Felswände in die Höhe, eng wird das Tal und formt sich zur Klamm, der Edmundsklamm (Edmundova soutěska). Kühl und feucht ist es hier selbst im heißen Sommer. Das Vogelgezwitscher der Wasseramsel, Plätschern und Blätterrauschen faszinieren uns. Mit einem Mal wird es vor uns heller, an einer breiteren Stelle befindet sich ein Wehr. Man hat die Kamenice aufgestaut, um von hier eine Prahmfahrt durch die faszinierende Felsenlandschaft unternehmen zu können. Am Ende der Kahntour geht es per pedes auf ausgewiesenen Wanderwegen nach Mezná und Mezní Louka. Queren wir die Hauptstraße nach schräg links und folgen weiter dem Wanderzeichen mit dem blauen Schrägstrich, gelangen wir hinein in die beeindruckende, einzigartige Welt der Sandsteinfelsen, den Nationalpark Böhmische Schweiz (České Švýcarsko). Höher und höher geht es hinauf, und je weiter wir kommen, desto gewaltiger werden die Ausblicke, bis wir den Höhepunkt erreichen, das Pravčická brána (Prebischtor), ein wahres Naturwunder, das größte Felsentor Europas. 16 Meter Höhe und eine Spannweite von 26,5 Meter an der Basis weist diese Sandsteinausformung auf. Das historische Gasthaus daneben lädt ein zur Stärkung. Wenn wir von hier weiter dem Wanderweg folgen, gelangen wir auf einem Rundweg zurück nach Hřensko. Für diese außergewöhnliche Tour sollten wir uns einen ganzen Tag Zeit nehmen, denn es sind ca. 12 Kilometer Auf und Ab zu erwandern.

Mit dem Fährboot Schöna-Hřensko in die Böhmische Schweiz

Naturwunder Pravčická brána/ Prebischtor

Von Hřensko aus können wir zwar links wie rechts der Elbe fahren, aber nach wie vor ist rechts der Autoverkehr unterwegs. Am linken Ufer verläuft der asphaltierte Elberadweg, jetzt als solcher mit dem geschwungenen Elbe-e gekennzeichnet. Allerdings ist bis Dresden die Anzahl der Schilder eher bescheiden. Für unser Zurechtfinden ist dies nicht wirklich hinderlich, da wir im engen Tal ja stets die Elbe zur Orientierung haben. Unterhalb von Reinhardtsdorf kommt bereits die nächste Fähre (Fähre Schmilka 5.15–22.05 Uhr). Auf bestem Asphalt rollen wir direkt am Fluss entlang und blicken nach rechts auf die mächtigen, steil aufragenden Sandsteinfelsen. Wir passieren die Kleine Bastei und die Schrammsteine. In Krippen wird es eng, denn der Radweg zwängt sich zwischen Terrasse und Wintergarten des Gasthauses »Ziegelscheune« hindurch. Wer nicht sowieso auf ein Getränk oder eine Mahlzeit hier anhalten will, sollte zumindest seine Reisegeschwindigkeit deutlich reduzieren! Kurze Zeit später sehen wir rechts vom Radweg – bevor er über die Holzbrücke führt – den Anleger für die Fähre nach dem gegenüber liegenden Postelwitz bzw. nach **Bad Schandau**. Im Dreiecksverkehr werden diese Stationen bedient (Fähre Krippen–Postelwitz–Bad Schandau (Fährzeiten 6.15–21.40 Uhr).

Am rechten Ufer erblicken wir zwischen den Bäumen hoch aufragend einen Personenaufzug, der uns von seiner Konstruktion her an den Eiffelturm erinnert. 50 Meter führt er in die Höhe. 1904 wurde er errichtet und ist heute ein aktives, funktionierendes technisches Denkmal. Er stellt die kürzeste Verbindung dar zwischen Bad Schandau und dem Ortsteil Ostrau. Wir kommen weiter auf dem Elberadweg, der jetzt in eine Schotterpiste übergeht. Schmaler wird der Weg, bevor er unter der Autobrücke hindurch- und zur Straße hinaufführt. An der Straße heißt es »Stopp«, denn es gibt für Radler keine Auf- bzw. Abfahrt. Überhaupt, die letzten Jahre haben einige Veränderungen gebracht, und die Radwegeausschilderung konnte nicht so schnell folgen. Ab hier ist etwas Spürsinn gefragt. Links herum, auf der Straße, geht es bis zur T-Kreuzung mit der B 172. (Auf dem Weg dorthin liegt linker Hand der Bahnhof Bad Schandau, rechter Hand der Fähranleger. Fähre Bad Schandau Ort-Bahnhof 6.48–21.48 Uhr alle 30 Minuten, Mo–Fr ab 4.18 Uhr.) Nun rechts über die Elbbrücke und dann hinuntergesaust, bis zum Abzweig nach Rathmannsdorf. Hier können wir entweder der B 172 geradeaus folgen, oder rechts und dann gleich wieder links direkt am Fluss auf dem Wanderweg entlang der Elbe bis nach Bad Schandau hineinfahren.

Bad Schandau ist ein schön gelegener Kurort an der Elbe und ein interessanter Ausgangspunkt für Ausflüge in den Nationalpark Sächsische Schweiz. Per Rad können wir vom Zentrum aus dem Kirnitzschtal folgen, parallel zu den Gleisen der historischen Straßenbahn (Kirnitzschtalbahn). Seit 1898 verkehrt sie auf dieser Strecke, die hinauf führt bis zur Endstation Lichtenhainer Wasserfall. Von hier ergeben sich ungezählte Möglichkeiten, die einzigartige Sandsteinlandschaft zu erkunden, zu Fuß und auch per Fahrrad.

Wenn wir eigentlich Ferien am Meer machen wollten, so kommen wir gut 100 Millionen Jahre zu spät. Denn aus dem Meer der Kreidezeit ist längst eine faszinierende Landschaft geworden. »Man mache sich gefasst, ... eine ununterbrochene Reihe von Naturschönheiten und Seltenheiten zu sehn, welche an Größe, Schönheit und Umfang immer mehr zunehmen, je weiter man kommt ...« (Wilh. Leberecht Götzinger, 1758–1818).

Das Elbsandsteingebirge erstreckt sich von Pirna im Westen bis nach Děčín in Böhmen. Den deutschen Bereich nennen wir »Sächsische Schweiz«. Während der Kreidezeit, vor 144 bis 66 Millionen Jahren, lag dort, wo sich jetzt die von Schluchten getrennten Tafelberge und Felstürme des Elbsandsteingebirges erheben, noch ein Meeresarm. Sedimente aus den Flüssen des Erzgebirges lagerten sich dort zusammen mit Kalkschalen von Meereslebewesen ab. Mit der Zeit bildete sich eine 400 bis 600 Meter mächtige Schicht, die durch den eigenen Druck und das darüber lastende Wasser zu Sandstein gepresst wurde. Vor ca. 100 Millionen Jahren hob sich der Meeresboden und das Kreidemeer zog sich zurück. Die kompakte Sandsteinplatte wurde freigelegt und der Erosion ausgesetzt, Erdbewegungen zerbrachen die Schicht, Klüfte und Brüche entstanden. Zum Ende der Eiszeit nahm die Dynamik zu, denn das Abschmelzen des Eises führte zu größeren Flüssen. Insbesondere die Elbe grub sich bis zu 300 Meter in den Sandstein ein, Schluchten und Täler entstanden. Die starke Erosion durch Wasser und Wind hat in Jahrtausenden aus den Sandsteinquadern einen faszinierenden Formenreichtum geschaffen. Tafelberge wie der Lilienstein und der Königsstein entstanden, Schluchten und schlanke Felsnadeln wie die Barbarine und auch so bizarre Felsformationen wie die Schrammsteine und die Affensteine.

Rund 92 km^2 sind heute Nationalpark. Der Mensch ist hier bei der Natur zu Gast. Die gesamte Nationalparkregion als Landschaftsschutzgebiet erstreckt sich beiderseits der Elbe über 368 km^2. Seit dem Jahr 2000 sind große Teile der angrenzenden Böhmischen Schweiz ebenfalls mit dem Status eines Nationalparks versehen, sodass die Natur nun ein Areal von mehr als 200 km^2 in Form eines grenzüberschreitenden Nationalparks zur Verfügung hat.

Spannend ist ein Besuch im Nationalparkhaus, nicht nur bei schlechtem Wetter. Diese moderne und hochaktuelle Informationsausstellung über die Sächsisch-Böhmische Schweiz lässt uns die Hintergründe dieser packenden Landschaft besser verstehen.

Es gibt zwischen Schöna und Meißen/Riesa ein Nahverkehrsnetz, den Verkehrsverbund Oberelbe, in den vor allem die S-Bahn entlang der Elbe und die Elbfähren eingebunden sind. Es gibt Gruppen- und Tageskarten mit Vergünstigungen. Die Tarifstruktur ist für außen Stehende nicht so einfach zu durchschauen. Leider sind alle touristischen Angebote (Kirnitzschtalbahn, Basteikraxler, Sächsische Dampfschifffahrt und Elbfähre Rathen) nicht eingebunden. Bei Fragen hilft: Bad Schandauer Kur- und Tourismus-GmbH, Elbsandsteinreisen, D-01814 Bad Schandau, Markt 12, Tel. 03 50 22/9 00 30, www.bad-schandau.de, info@bad-schandau.de; Verkehrsverbund Oberelbe GmbH, D-01127 Dresden, Leipziger Straße 120, Tel. 01 80/22 66 22 66 (6 ct pro Anruf aus dem Festnetz), www.vvo-online.de

Radrundtour und Wanderung durch die Sächsische Schweiz
Wir empfehlen, wenigstens einen Tag nur für die Sächsische Schweiz einzuplanen, denn auch das Hinterland ist für viele Überraschungen gut. Wir starten in Bad Schandau unsere etwa 40 Kilometer lange Rundtour, die uns natürlich auch zu den bedeutendsten Plätzen und Aussichten der Region führen wird.

Rundtour: Wir verlassen die Elbe links vom Schlossberg, der Straße Richtung Altendorf folgend. Nach einigen anstrengenden Höhenmetern, etwa auf der Hälfte der Strecke, biegen wir links ab nach Kohlmühle, um nach kurzer Zeit den Hügelrücken zu erreichen, wo sich riesige Getreidefelder

im Wind wiegen. Hier oben haben wir fast das Gefühl, in der Toskana zu sein. Doch schon geht es in spitzen Kehren hinunter an das Flüsschen Sebnitz. In Kohlmühle queren wir die Sebnitz, um ihr links bis zum Haltepunkt Porschdorf zu folgen. Ein wunderschönes, enges, von Sandsteinfelsen umgebenes Tal empfängt uns. An seinem Ende stoßen wir auf die Polenz, die links der Elbe zustrebt. Wir folgen ein kurzes Stück bergab, biegen jedoch gleich wieder rechts ab und radeln die 17%-Steigung in den schön herausgeputzten Ort Porschdorf hinauf. Hier treffen wir auf die Geschichte des »Erbgerichts« in Ost-Böhmen bzw. der östlichen Sächsischen Schweiz. Der Hauptstraße weiter folgend erreichen wir Waltersdorf. Hier biegen wir links ab in Richtung Ebenheit zum Lilienstein, einem berühmten Tafelberg der Region. Wir wählen den Südanstieg, wo wir unterhalb der Treppen unsere Räder abschließen. Nun geht es über viele Stufen und Leitern hinauf. Doch sollte man sich diese kleine Anstrengung auf keinen Fall ersparen, denn oben angekommen erleben wir Ausblicke, einer schöner als der andere: über den Elbebogen nach Rathen und zur Bastei, hinüber zur Festung Königstein, die Elbe hinauf Richtung Tschechien und hinein in die Felsenwelt der Sächsischen Schweiz. Hier auf dem Lilienstein können wir uns in dem kleinen Bistro mit Kaffeegarten stärken.
Nach dem ausgiebigen Besuch des Liliensteins radeln wir zurück nach Waltersdorf, wo wir links auf die Hauptstraße einbiegen. Teilweise ist der Radweg nach Rathen nun auch ausgeschildert. Linker Hand erreichen wir den Abzweig nach Rathen und steil geht es in den Elbeort hinunter. Doch bevor wir uns in die Tiefe stürzen, empfehlen wir, unbedingt das rechter Hand liegende Felsmassiv des Gamrig zu besteigen. Ein kurzes Stück radeln wir in den breiten Wanderweg hinein und schon führt uns rechts eine Treppe hinauf. Eine traumhafte Aussicht in die Welt der Sandsteine ist die Belohnung.
Nach diesem kurzen Abstecher rollen wir wieder zurück zur Straße und stürzen uns nun vorsichtig in die Tiefe, hinunter in den berühmten Ferienort Rathen. Wieder ein Grund, das Rad stehen zu lassen, um den berühmten Ausblick von der Bastei über das Elbetal, hinüber zum Lilien- und Königstein und Richtung Dresden zu genießen. Von der ehemaligen Festung ist nur noch wenig erhalten, doch für 1,50 € können wir bei einen Rundgang über Treppen und Leitern nachempfinden, wie die Menschen hier oben einst lebten. Der Blick von hier oben auf die berühmten Sandsteinfelsen, hinunter zur Felsenbühne und auf die beeindruckende, in die Felsen gebaute Steinbrücke ist unbedingt einen Besuch wert.
Dies soll nun der letzte großartige Ausblick auf unserer kleinen Rundtour gewesen sein. Wir setzen von Rathen mit der Fähre über, um entspannt direkt am Fluss dem Elberadweg über Königstein, wo wir wieder an das rechte Elbufer übersetzen, nach Bad Schandau zurückzuradeln. Bei schönem Wetter sollte man sich diese Tagestour auf keinen Fall entgehen lassen!

mittel

86 km

6,5 Std.

VON BAD SCHANDAU NACH MEISSEN

Bad Schandau – Königstein – Rathen – Dresden – Radebeul – Meißen

Vom Marktplatz in **Bad Schandau** rollen wir in Richtung Königstein und Dresden, entweder auf der B 172 durch den Ort oder unten an der Uferpromenade entlang. Bevor die B 172 die Elbe überquert, folgen wir der Straße nach Rathmannsdorf unter dieser Brücke hindurch, auf der B 172 von Bad Schandau kommend links, auf dem Uferweg kommend geradeaus, von Krippen kommend nach der Brücke rechts. In Wendisch Fähre (Ortsteil von Rathmannsdorf) links abbiegen nach Prossen. Auf gutem Asphalt rollen wir bis zur Siedlung. Am Ortsende Achtung! Es geht recht steil hinab in eine S-Kurve, zunächst links, dann rechts, wieder ansteigend, eine Rinne quer über den Weg, eine steile Passage folgt. Wer hier nicht aufpasst und mit zu viel Speed an die Aufgabe herangeht, kann leicht mit Fußgängern und entgegenkommenden Radlern kollidieren (dies gilt ebenso für die Gegenrichtung!). Der Weg nimmt nun die Höhe, führt wieder hinunter und noch ein Mal rauf und runter. Das war es dann mit größeren Höhenunterschieden. Der breite, gut asphaltierte Weg, der sowohl Radfahrern als auch Fußgängern dient, führt uns bis an die Fähre nach Königstein.

Fähre Königstein

Selbstverständlich kann man jetzt am rechten Flussufer bleiben – muss man aber nicht. Der Weg nach Rathen (Nebenweg) ist eben nur ein Nebenweg, eher ein Trampelpfad, und mit Treppen und anderen Trage- bzw. Schiebestellen versehen. Daher eher für Leute zu empfehlen, die das ganz persönliche Abenteuer suchen.
Wir wollen **Königstein** aufsuchen und auch hinauf auf die Festung. Daher setzen wir mit der Fähre über, die hier nach Bedarf im Pendelverkehr Perso-

Tourencharakter: Abwechslungsreiche Tour, flussnah durch die Sächsische Schweiz und entlang der Sächsischen Weinstraße, wenige Steigungen, überwiegend asphaltierte Straßen und befestigte Radwege, viele Sehenswürdigkeiten.
Kartenmaterial: ADFC Radtourenkarte Nr. 14, 1:150 000.
Camping: Königstein: Camping Königstein (linkselbisch), D-01824 Königstein, Schandauer Straße 25 E, Tel. 03 50 21/6 82 24; Pirna: Waldcamping Pirna-Copitz (rechtselbisch), D-01796 Pirna, Äußere Pillnitzer Straße 19, Tel. 0 35 01/52 37 73; Dresden: Campingplatz Mockritz, D-01217 Dresden, Boderitzer Straße 30, Tel. 03 51/4 71 52 50, www.camping-dresden.de; Caravan-Campingplatz Dresden-Nord, D-01109 Dresden, Elsterweg 13, Tel. 03 51/8 80 97 92, www.camping-sachsen.de; Coswig: Campingplatz Am Badesee, D-01640 Coswig, Feldweg 40, Tel. 0 35 23/70 02 20.
Unterkunft: Königstein: Naturfreundehaus (rechtselbisch), D-01824 Königstein, Halbestadt 13, Tel. 03 50 22/9 94 80, www.nfh.de; Pirna: Jugendherberge Pirna-Copitz (rechtselbisch), D-01796 Pirna, Birkwitzer Straße 51, Tel. 0 35 01/44 56 01; Dresden: Jugendgästehaus, D-01067 Dresden, Maternistraße 22, Tel. 03 51/49 26 20; Radebeul: Jugendherberge, D-01445 Radebeul, Weintraubenstraße 12, Tel. 03 51/8 38 28 80.
Sehenswertes: Königstein: Festung Königstein – Staatlicher Schlossbetrieb, D-01824 Königstein, Tel. 03 50 21/6 46 07, www.festung-koenigstein.de, info@festung-koenigstein.de; Radebeul: Karl-May-Museum, D-01445 Radebeul, Karl-May-Straße 5, Tel. 03 51/83 73 01 0, Öffnungszeiten: März–Okt. Di–So 9–18 Uhr, Nov.–Feb. Di–So 10–16 Uhr), www.karl-may-museum.de, info@karl-may-museum.de; Meißen: Staatliche Porzellan-Manufaktur Meißen GmbH, Besucherbüro, D-01662 Meißen, Talstraße 9, Auskünfte und Anmeldung zu Führungen Tel. 0 35 21/46 82 08 (geöffnet täglich Mai–Okt. 9–18 Uhr, Nov.–April 9–17 Uhr), www.meissen.de, besucherbuero@meissen.de; Wein: Als Meißen-Touristen können wir uns in der Küfertheke, Markt 10, in Meißens Innenstadt mit den Elbweinen bekannt machen, www.winzergenossenschaft-meissen.de, info@winzergenossenschaft-meissen.de
Tourist-Info: Königstein: KWE Königstein GmbH, Tourist-Information-Postagentur-Bücherei, D-01824 Königstein, Schreiberberg 2, Tel. 03 50 21/6 82 61, www.koenigstein-sachsen.de, info_koenigstein@t-online.de; D-01824 Königstein, Dresdner Straße 1, Tel. 03 50 21/6 76 14, www.frank-nuhn-freizeit-und-tourismus.de, info@nuhn-f-u-t.de; Bad Schandau: Tourismusverband Sächsische Schweiz e.V. (zuständig für den Bereich von Schöna bis Dresden), D-01814 Bad Schandau, Am Bahnhof 6, Tel. 03 50 22/ 4 95 - 0, www.saechsische-schweiz.de, info@sax-ch.de; Pirna: TouristService, D-01796 Pirna, Am Markt 7, Tel. 0 35 01/4 65 70, www.pirna.de, touristservice@pirna.de; Dresden: Dresden-Werbung und Tourismus GmbH, D-01067 Dresden, Ostra-Allee 11, Tel. 03 51/4 91 92 - 0, Tourist-Information Schinkelwache, Tourist-Information Prager Straße, www.dresden-tourist.de, info@dresden-tourist.de, www.stadtrundgang-dresden.de, www.dresden.de; Radebeul: www.radebeul.de; Meißen: Tourist-Information Meißen GmbH, D-01162 Meißen, Markt 3, Tel. 0 35 21/4 19 40, www.touristinfo-meissen.de, service@touristinfo-meissen.de; Informationen zur Region zwischen Dresden und Torgau: Tourismusverband Sächsisches Elbland e.V., D-01662 Meißen, Niederauer Straße 26–28, Tel. 0 35 21/7 63 50, www.elbland.de, info@elbland.de

nen und Fahrräder befördert (Fähre Königstein täglich 4.25–22.58 Uhr). Rechts vom Bahnviadukt verläuft die Uferstraße, links davon liegt die Stadt.

Festung Königstein

Eingebettet in die bizarre Felslandschaft der Sächsischen Schweiz, thront weithin sichtbar auf einem Tafelberg oberhalb der Elbe die Festung Königstein. Die erste urkundliche Erwähnung des Königsteins erfolgte 1241. Der sächsische Kurfürst Christian I. befahl 1589 den Ausbau der Landesfestung. In den folgenden Jahrhunderten wurden die Verteidigungsanlagen immer weiter ausgebaut und modernisiert. So unternahm kein Feind je den Versuch, die Festung anzugreifen. Sie war daher ein ausgezeichneter Zufluchtsort, auch für Kunstschätze und den Staatsschatz. Es war aber auch das gefürchtete Staatsgefängnis Sachsens. Johann Friedrich Böttger war hier eingesperrt. Er versprach seinem König August II., Gold herzustellen. Dies wurde ihm zum Verhängnis. Zwar fand er kein Gold, aber dafür das so genannte weiße Gold, das europäische Porzellan. Und diese Kostbarkeit spülte wahrhafte Reichtümer in die Staatsschatulle. So erlebte Böttger keinen Tag mehr in Freiheit, hätte er doch seine Erfindung anderen verraten können. 9,5 Hektar groß ist das Felsplateau mit seiner 2200 Meter langen Brustwehr. Aber nicht nur der berauschende Ausblick in das Elbsandsteingebirge und in die Ausläufer des Erzgebirges fesselt uns, sondern auch die diversen Gebäude mit ihrer interessanten Geschichte, darunter das Brunnenhaus mit dem 152,5 Meter tiefen Brunnen (April–Okt. Schau-

Flusswandern in der Sächsischen Schweiz

Sächsische Dampfschiffahrt
Mit dem Elbdampfer der Sächsischen Dampfschiffahrt entspannt von Königstein nach Pillnitz. Imposant gleitet die Landschaft zwei Stunden lang an uns vorbei.
Sächsische Dampfschiffahrt, D-01067 Dresden, Hertha-Lindner-Straße 10, Tel. 03 51/8 66 09 - 0 (Fahrradmitnahme kostenfrei, wenn ausreichend Platz vorhanden), www.saechsische-dampfschiffahrt.de, info@saechsische-dampfschiffahrt.de

vorführungen der Wasserfördertechnik). 2–3 Stunden sollten wir uns schon gönnen, um einen Eindruck von diesem exotischen Platz mitzunehmen.

Hinweis: Basteikraxler und Festungsexpress
Von Königstein, Reißiger Platz, fährt vom 1.4.–31.10. täglich ab 9 Uhr alle 30 Minuten der Oldtimer-Doppeldeckerbus und der Festungsexpress hinauf zur Festung Königstein. Vom Fuß der Festung wandert man weiter oder man lässt sich vom Fahrstuhl hinaufbefördern. Linie Königstein–Bad Schandau–Hohnstein–Bastei: Viermal am Tag fährt der Basteikraxler die große Runde durch die Sächsische Schweiz. Vom Reißiger Platz in Königstein fahren wir zurück auf die Uferstraße, radeln entlang der Bahnlinie bis zur Unterführung, gleich dahinter rechts, immer weiter bis nach Oberrathen. Fähre Rathen (Fährzeiten täglich 4.15–0.38 Uhr).

Aufstieg Bastei

Eine imposanteste Kulisse am Elberadweg ist die Sandsteinformation der Bastei.Hoch oberhalb der Elbe, die zwischen Königstein und Rathen in einem weit geschwungenen S-Bogen verläuft, befand sich im Mittelalter eine Burganlage. Wahrlich, mühsam ist der Aufstieg schon, aber wir haben ja bereits etwa 500 Kilometer im Fahrradsattel zurückgelegt, und so schnell bringt uns dies auch nicht aus der Puste. Je höher wir kommen umso grandioser wird der Ausblick. Die ehemalige Feste können wir gegen geringes Eintrittsgeld betreten und von dort den riesigen Ausblick in die Sächsische Schweiz erleben. Noch ein Stück höher geht es bis zur Aussichtsplattform. Der geschwungene Verlauf der Elbe und der Blick hinüber zu den Tafelbergen Lilienstein und Königstein begeistert uns. Nach rechts sehen wir, wie der Fluss nach Dresden hin entschwindet.

Ab **Rathen** wird wieder unsere Entscheidungsfreudigkeit gefordert. Rechts wie links können wir der Elbe folgen. Rechtselbisch fährt man unterhalb des »Erbgerichts« (Hotel/Restaurant) immer dem Ufer folgend über Stadt Wehlen nach Pirna.

Felsenbühne Rathen
Der Kurort Rathen hat mit der Felsenbühne eine ganz besondere Attraktion zu bieten. Inmitten der hoch aufragenden Sandsteine können wir Aufführungen der Landesbühnen Sachsen genießen. Carl Maria von Weber schuf hierfür eines der populärsten Werke der deutschen Opernliteratur, den Freischütz. Auch Winnetous Abenteuer sind hier mitzuerleben, ebenso wie Hänsel und Gretel, Ronja Räubertochter u.v.m.
Felsenbühne Rathen, D-01824 Kurort Rathen, Amselgrund 17, Tel. 03 50 24 - 77 70, www.dresden-theater.de

Blick auf Kurort Rathen

Wir bleiben linkselbisch und starten in Oberrathen am Fähranleger, rollen über die Bahngleise und folgen rechts der Asphaltstrecke entlang der Bahnlinie. Nach einem kurzen Anstieg und einigen hundert Metern gilt es zu halten. Imposant erhebt sich am gegenüberliegenden Ufer eine berühmte Felsformation, die Bastei. Majestätisch blicken die Sandsteine auf uns herunter. Unser Radweg führt in einem Auf und Ab unter Bäumen parallel zu den Gleisen, wir passieren den Bahnhof Stadt Wehlen, nach etwa 2 Kilometern schwenkt der Weg dann unter der Bahntrasse hindurch. Achtung, Gefahrenstelle! Für uns geht es schwunghaft nach unten, ohne dass wir den Gegenverkehr einsehen können. Wir rollen durch die Dörfer Ober- und Niedervogelgesang, immer nah zur Elbe, herrlich rahmen die Berge das Flusstal ein, bis wir Pirna erreichen.

Pirna bezeichnet sich selbst als das Tor zur Sächsischen Schweiz. Und dies wohl aus gutem Grund. Blicken wir den Fluss nach Westen entlang, so sehen wir, dass die Berge rechtselbisch deutlich niedriger werden. Wie durch ein Tor betreten bzw. besser befahren wir die Stadt unter der Bahnlinie hindurch. Von der Fußgängerzone auf der Dohnaischen Straße führen fast alle Straßen und Gassen zum historischen Markt. Unterwegs entdecken wir reizvolle alte Häuser mit schönem Schmuck. Pirna ist eine Stadt der Giebel, Erker und Portale. Der Marktplatz ist ein Kleinod der Zeitgeschichte. Bürgerhäuser der Gotik, Renaissance und des Barocks sind zu entdecken, darunter das zentrale Rathaus. Dahinter sehen wir die spätgotische Marienkirche über die Dächer ragen. Wir wollen gern einen

Blick über die Stadt und die Umgebung haben und ersteigen ihren Turm. Und über allem thront die Festung Sonnenschein.

Wenn ein Besuch von **Schloss Pillnitz** auf dem Programm stehen soll, können wir bereits in Pirna die Elbseite wechseln, um überwiegend auf Autostraßen direkt dorthin gelangen. Nach dem Queren der Elbe links, über Pratzschwitz, Birkwitz und Söbringen nach Pillnitz. Schöner jedoch ist es, der Hauptroute des Elberadwegs linksseitig zu folgen. Wir fahren hier nämlich immer in unmittelbarer Nähe zum Ufer. Nur kurzzeitig streifen wir die Autostraße nach Heidenau. Sobald diese sich von der Elbe nach links entfernt, fahren wir schräg rechts immer weiter mit Elbblick. Beim Fähranleger Birkwitz-Heidenau besteht die Möglichkeit, ans rechte Ufer zu wechseln (Fährzeiten 6–22.50 Uhr, Mo–Fr ab 4.30 Uhr). Dem Radweg folgen wir, bis er auf die Elbstraße trifft. Auf dieser Richtung Dresden. Der Fluss gabelt sich, rechts taucht ein Urwald, das Naturschutzgebiet Pillnitzer Insel auf, die nicht betreten werden darf. Erst kurz vor ihrem Ende wird die Sicht auf das rechte Ufer wieder frei. Imposant am Elbgestade erhebt sich Schloss Pillnitz. Dieser Anblick lockt uns und wir lassen es uns nicht nehmen, mit der Autofähre überzusetzen.

Zurück mit der Fähre an das linke Ufer. Wir wollen eine weitere Berühmtheit an der Elbe kennen lernen. Nach etwa 6 Kilometern taucht am Stadtrand von Dresden das **»Blaue Wunder«** auf, eine wuchtige Stahlkonstruktion, 1893 erbaut, die auf einer Länge von 141,5 Metern von einem Ufer zum anderen spannt und so Tolkewitz (links) mit Loschwitz (rechts) verbindet (Loschwitzer Brücke). Wie man sich erzählt, ist ihr Name darauf zurückzuführen, dass ursprünglich die Brücke grün gestrichen wurde, der gelbe Farbanteil aber nicht lichtecht war und schnell verblich, sodass nur das Blau übrig blieb. So kann man eben »sein blaues Wunder erleben«. Andere Stimmen sprechen von

Schloss Pillnitz

In den Jahren um 1780 wurde der Park als englischer Garten um das Schloss angelegt und zeigt sich noch heute von seinen schönsten Seiten – in den Jahreszeiten entsprechenden Bepflanzungen und seiner Anmut im Winterhalbjahr. Der Eintritt in den Park ist kostenfrei und so steht der Besichtigung der Orangerie, des englischen und chinesischen Pavillons und der zahlreichen tropischen Pflanzen nichts im Weg. Diese, in der warmen Jahreszeit im ganzen Park verteilt, unterstreichen die exotische Optik des Ganzen. Krönung der botanischen Merkmale ist die 1770 aus Japan eingeführte Kamelie, die jedes Frühjahr mit ihrer Blütenpracht viele Besucher anzieht. Info: www.schloesser-dresden.de/pillnitz/ www.pillnitz.com/schlopa.html

Das »Blaue Wunder«

einer Meisterleitung für die damalige Zeit, quasi einem technischen Wunder in Blau.

Ab dem **»Blauen Wunder«** können wir beiderseits der Elbe fahren. Am rechten Ufer: Über die Brücke, danach die nächste Möglichkeit links. Vorsicht mit dem Verkehr. Der Uferweg ist zwar optisch eine Idylle, fahrradtechnisch mit seinen Platten und Unebenheiten aber eine echte Herausforderung, auch für voll gefederte Fahrzeuge. Erst auf Dresden zu, ab der Albertbrücke, wird das Fahren angenehm. Dann erhebt sich das **»Elbflorenz«** mit seinen markanten Bauten über dem Fluss. Das beeindruckende Panorama der Altstadt breitet sich vor uns aus. Über die Augustusbrücke hinein in die Altstadt.

Wir folgen dem linken Ufer und somit dem offiziellen Verlauf des Elberadwegs. Auch dieser Abschnitt ist kein Traum von einer Radpiste, aber gut

zu befahren. Im Sommer ist hier alles unterwegs, was zwei Räder muskelbetrieben vorwärts bewegen kann. Und obwohl der Weg dafür nicht ausgelegt ist, wird hier schnell gefahren. Etwas Umsichtigkeit ist von uns gefordert, besonders wo wir immer wieder zum rechten Uferhang hinüberblicken, zu den Villen und Weinhängen, und auf den Fluss mit den Elbdampfern, einer herrlichen Kulisse, bei der wir nicht ahnen, in Kürze eine Großstadt zu erreichen.

Unter der Albertbrücke geht es hindurch, ab hier wird die Fahrrad-Beschilderung extrem spärlich, vor der Carolabrücke über einen Parkplatz und ab der Brücke auf dem breiten Fußweg (irgendwo ist doch noch ein Fahrradzeichen), unterhalb der Brühlschen Terrassen, rechts der Anleger der Sächsischen Dampfschiffahrt, bis zur sandsteinernen Augustusbrücke, darunter durch, nächste Möglichkeit links, hinauf zum Theaterplatz mit Semperoper, Katholischer Hofkirche, Schloss und Zwinger.

Dresden ist eine Stadt zwischen Barock und Moderne. Wenn wir an Dresden denken, so sehen wir die eindrucksvollen barocken Prachtbauten der so genannten Altstadt vor uns, darunter auch die mittlerweile wieder aufgebaute Frauenkirche. Stück für Stück erwächst die Altstadt zu neuem Glanz, sodass von den Zerstörungen des Zweiten Weltkriegs (85% der Altstadt fielen dem Bombenhagel zum Opfer) und dem Zerfall während der DDR-Zeit bald nichts mehr zu sehen sein wird. Denn zur 800-Jahr-Feier in 2006 sollen die Bauarbeiten abgeschlossen sein.

August der Starke

Unter der Regentschaft von Friedrich August II. (August der Starke) hat Dresden sein heutiges Stadtbild erhalten. Als sächsischer Kurfürst und König von Polen schuf er sich eine wahre Prachtresidenz. Das Baumaterial wurde in den

Steinbrüchen des Elbsandsteingebirges entnommen. Durch das Wirken genialer Baumeister entstanden imposante Gebäude. 1728 wurde der **Zwinger** fertig gestellt (das Wort Zwinger bezeichnete den Abstand zwischen innerer und äußerer Stadtmauer). Er gilt als das bedeutendste Bauwerk des Hochbarocks in Deutschland. Er wurde als Ort höfischer Lustbarkeiten und Orangerie konzipiert. Der Mitte des 19. Jh. unter Gottfried Semper errichtete Galeriebau diente als Ausstellungsgebäude. Die Gemäldegalerie, die Porzellansammlung, die Prunkwaffensammlung und der Mathematisch-Physikalische Salon mit seiner Sammlung historischer wissenschaftlicher Geräte laden zu einem Museumsbummel ein.

Der Dresdner Zwinger

Nicht zu Unrecht trägt Dresden den Beinamen Elbflorenz. Grandiose Bauwerke gruppieren sich um den Zwinger. Zwischen Zwinger und Elbe steht das wohl berühmteste Gebäude der Stadt, die **Semperoper**. Ihr

Berühmt für festliche Musik: Die Semperoper

Blick auf die Brühlschen Terrassen

gegenüber sehen wir die reich verzierte **Katholische Hofkirche**, daneben das Residenzschloss mit dem Hausmannturm. Die Aussicht von oben ist großartig! Vom **Schloss** zum **Neumarkt** laufen wir über den Langen Gang vorbei am 102 Meter langen **Fürstenzug**. 25 000 Porzellanfliesen aus der Meißener Manufaktur stellen die Geschichte des Fürstenhauses Wettin dar. Vor uns taucht die wieder errichtete Frauenkirche auf. Begeben wir uns jetzt zur Elbe, erreichen wir die Brühlschen Terrassen. Der Premierminister von Friedrich August II. ließ sie als Lustgarten entlang der Elbe anlegen.

Am anderen Elbufer liegt die Neustadt, eines der größten zusammenhängenden Gründerzeit-Stadtviertel Deutschlands. In den letzten Jahren hat sich die Neustadt mächtig herausgeputzt und erstrahlt in frischem Glanz. Dorthin gelangen wir über die Augustusbrücke, an deren rechtem Ende der **Goldene Reiter** glänzt, August der Starke.

Die »Weiße Flotte«

Unter dem Motto »Wir machen Dampf« werden wir willkommen geheißen an Bord der ältesten und größten Raddampferflotte der Welt. Bereits 1836 wurde das Privileg für die Dampfschifffahrt auf der Elbe erteilt. Die neun erhaltenen historischen Fahrzeuge wurden zwischen 1886 und 1929 erbaut und stehen wahrlich noch voll unter Dampf. Von hier können wir flussauf und flussab zwischen Seußlitz und Dêčín per Schiff die Elbe erkunden.

Info: Sächsische Dampfschiffahrt, D-01067 Dresden, Hertha-Lindner-Str. 10, Tel. 03 51/8 66 09 - 0 (Fahrradmitnahme bei ausreichendem Platz kostenfrei), www.saechsische-dampfschiffahrt.de, info@saechsische-dampfschiffahrt.de

Dresden kann man sowohl links als auch rechts der Elbe verlassen. Wir empfehlen, das rechte Elbufer zu nutzen, da wir von hier noch einmal den umfassenden Blick auf die Stadt genießen und in **Radebeul** nicht nur das **Karl-May-Museum** besuchen, sondern auch an einer Weinprobe im Sächsischen Staatsweingut **Schloss Wackerbarth** teilnehmen können.

Die Weinberge von Schloss Wackerbarth mit Belvedere

Wir verlassen das Zentrum Dresdens über die Augustusbrücke, an ihrem Ende spitz links herum, durch den Park hinunter zur Elbe. Auf dem gut ausgebauten, breiten Asphaltweg am Ufer entlang, rechts das Japanische Palais. Unter der Marienbrücke und der Bahnbrücke hindurch, danach rechts und gleich wieder links am Hafenbecken entlang, weiter am Fluss bleiben, bis zur Moritzburger Straße, der wir rechts hinauf bis zur Leipziger Straße folgen. Ganz ohne Autoverkehr geht es auf den nächsten Kilometern nicht. Dafür ist ab hier der Elberadweg gut beschildert, da nach der Flut 2002 die Trasse neu gestaltet wurde. Links in die Leipziger Straße einbiegen, links auf dem Radweg bleiben, wo er endet, links dem Fußweg parallel zum Ufer folgen, die Elbe in Sicht behalten, auf die Kötzschenbrodaer Straße, weiter geradeaus auf die Böcklinstraße, nach wenigen Metern rechts auf den breiten Rad- und Fußweg, über die Sternstraße (Straßenbahn), bis zur großen Lommatzscher Straße, links dem Radfahrstreifen folgen, unter der Autobahnbrücke hindurch, nächste Möglichkeit links in die Grimmstraße. Immer der Elberadweg-Ausschilderung folgen über Kaditz nach Serkowitz. Hier radeln wir vor der Rechtskurve links wieder an die Elbe heran. Durch die Elbwiesen geht es bis zum Hotel »Goldener Anker« in Altkötzschenbroda, welches wir von der Terrassenseite aus erreichen. Wer Schloss Wackerbarth, das Karl-May-Museum in **Radebeul** oder Schloss Moritzburg besuchen möchte, dem empfehlen wir eine Übernachtung in Altkötzschenbroda, ist dies doch die Kultur- und Kneipenmeile von Radebeul.

Die Berghänge rechts von uns sprechen eine deutliche Sprache. Grün sind sie bis zur Höhe. Und die Pflanzen lassen deutlich erkennen, worum es hier geht: Wein. Wir haben die Sächsische Weinstraße erreicht. Es ist das nordöstlichste Weinanbaugebiet Europas, das zwischen Pirna und Diesbar-Seußlitz gelegen auf einer Länge von 55 Kilometern dem Elbtal folgt. Seit über 800 Jahren wird hier an der Elbe die Rebenzucht betrieben, 1161 in einer Schenkungsurkunde des Meißener Markgrafen Otto an den Zisterzienser-Orden erstmals verbrieft. Heute werden etwa 449 Hektar von 14 Weingütern bewirtschaftet. Die größten und wichtigsten sind die Sächsische Winzergenossenschaft mit rund 2300 Mitgliedern, das Staatsweingut Schloss Wackerbarth und das Weingut Proschwitz. Das Besondere des sächsischen Weinanbaus besteht in der vorwiegend manuellen Bewirtschaftung der Weinberge, von denen 55% Hang- und Steillagen sind. Diese terrassierten Weinberge prägen die Kulturlandschaft an der Elbe und geben ihr in Verbindung mit dem besonders milden Klima einen heiter südländischen Charme. Wälder und Berge des Elbtals halten kalte Winde fern, die steilen Felswände aus Granit und Gneis mit den Lössböden speichern die Sonnenwärme und geben sie nachts wieder an die Umgebung ab. Die Elbweine gelten als trocken ohne Restzucker und zeichnen sich durch ihren sortenreinen Geschmack mit fruchtiger Säure aus. Die wichtigsten Sorten sind Müller-Thurgau, Weißburgunder und Riesling (www.saechsische-weinstrasse.net).

Abstecher: Von Radebeul hat man die Gelegenheit zu einem Abstecher nach Moritzburg. Auf einer kleinen Insel in den sumpfigen Niederungen des Friedewaldes liegt das Jagd- und Lustschloss Moritzburg. Hier, in der Nähe von Meißen, ließ Herzog Moritz es zunächst als Jagdhaus bauen. Später wurde es unter August dem Starken zu seinem heutigen Aussehen geformt. Die barocke Inneneinrichtung ist fast komplett erhalten. Das Schloss genießt den Ruf, eines der schönsten Wasserschlösser Europas zu sein. Berühmt ist auch die Hengstparade des benachbarten Sächsischen Landesgestüts. Nach Moritzburg gelangen wir entweder per Rad oder mit dem »Lößnitzdackel«, der traditionellen Schmalspurbahn (Info: www.schloss-moritzburg.de).

Aber nicht nur Wein lockt uns hinein nach Radebeul. In unseren Jugendtagen haben wir sie verschlungen, die Abenteuer von Old Shatterhand, Winnetou, Kara Ben Nemsi und sind in unseren Fantasien über die Prärien von Nordamerika oder durch die Schluchten des Balkans gereist. Ihr geistiger Vater Karl

Wein- und Sekttouren

Schloss Wackerbarth lädt ein zu Wein- und Sekttouren. In der hochmodernen Fertigung erleben wir die traditionelle Herstellung hautnah und mit sächsischem Charme. Das 1729 erbaute Schloss war Barocklandsitz des Grafen von Wackerbarth und bildet das Herz der Sächsischen Weinstraße. Es liegt wunderschön umgeben von terrassenförmig angelegten Weinbergen und ist in seiner ganzen Schönheit erhalten. Vor der Verkostung steigen wir auf die Höhen und genießen den weiten Blick ins Land. Anschließend lädt uns das »Gasthaus« ein zu edlem Essen bei gutem Wein. Info: Schloss Wackerbarth, Sächsisches Staatsweingut GmbH, D-01445 Radebeul, Wackerbarthstraße 1, Tel. 03 51/8 95 52 00, www.schloss-wackerbarth.de

May verbrachte die letzten 16 Jahre seines Lebens in Radebeul. Ihm zu Ehren gibt es ein Haus, in dem die wundersamsten Dinge ausgestellt sind, eine einzigartige völkerkundliche Ausstellung im Wildwest-Blockhaus »Villa Bärenfett«. Aus seinem in Europa einmaligen Sammlungsbestand zeigt das Karl-May-Museum etwa 850 attraktive museale Objekte aus dem Lebens- und Kulturkreis der nordamerikanischen Indianer.

Hochaufragendes Wahrzeichen von Meißen – die Albrechtsburg

Ab Radebeul fahren wir bis Meißen immer nahe zum Wasser. Rechts blicken wir hinauf zu den Weinbergen. Allmählich wird die Landschaft flacher. Bei Coswig-Kötitz erreichen wir linker Hand einen Elbeseitenarm. Kurz darauf liegt rechts das Freibad mit Campingplatz. Der Zugang auf das Gelände ist tagsüber direkt vom Radweg möglich.

Bei Sörnewitz wird das Elbtal wieder enger, rechts erhebt sich das Spaargebirge mit der 191 Meter hohen Karlshöhe. Ab hier aufmerksam fahren, denn bis zur Elbbrücke bei Meißen stehen mindestens zwei Mal große Poller mitten auf dem Radweg. Wenn wir hintereinander fahren, können wir sie leicht übersehen. Sobald wir unter der Eisenbahn hindurch sind, können wir rechts über den Parkplatz zur Bahnhofstraße hinauf, dort links auf die Autostraße und mit der Hauptstraße links auf die Brücke, hinüber in die Altstadt von Meißen. Für ein Foto ist vor der Elbbrücke rechter Hand eine Aussichtsfläche, von wo wir einen wunderbaren Blick über die Elbe, hinüber zur hoch aufragenden Albrechtsburg und auf die gesamte Stadt haben. Zu unseren Füßen sehen wir den Elberadweg, wie er weiter am rechten Ufer verläuft. Hinter uns steht ein Stein, der aussieht wie ein Obelisk. Es ist die im Jahre 2004 wieder aufgestellte kursächsische Postmeilensäule »Drei Rosen«.

Historischer Marktplatz von Meißen

Auf der weiteren Reise durch Sachsen werden wir noch öfter einer »Postdistanzsäule« begegnen. Diese wurden unter August dem Starken errichtet, um die Zuverlässigkeit der Postkutschenverbindungen zu erhöhen. Wir staunen, wie weit verzweigt damals die Reisemöglichkeiten waren. 1720 erhielt Adam Friedrich von Zürner den Auftrag, das Land zu vermessen. Damals waren die Maßeinheiten nicht genormt und so wurden die Distanzen in Stunden angegeben. 1 Wegstunde entspricht 4,531 Kilometer.

Die gekreuzten Schwerter: Das Wappen der Stadt Meißen

Meißen feierte in 2004 sein 1075-jähriges Bestehen. Sie ist damit eine der ältesten Städte in Sachsen. Fein herausgeputzt präsentiert sich die mittelalterliche Altstadt. Am historischen Marktplatz starten wir unseren Rundgang, der von der spätgotischen Frauenkirche und den hohen Bürgerhäusern im Stil der Gotik und Renaissance dicht umstanden ist. Das 1470 begonnene Rathaus und die Giebel der Marktapotheke, des Bennohauses und des Hirschhauses sind Zeugen des einstigen Reichtums. Viele malerische Ecken gibt es zu entdecken, während wir zur spätgotischen Albrechtsburg hinaufsteigen. Oben beherrscht der Dom den weiten Burghof. Vom Burgberg haben wir einen einmaligen Blick auf die verwinkelten Gassen der Altstadt und auf die Elbe.

Weltberühmt ist Meißen für seine **Porzellan-Manufaktur**. Der nach Pracht strebende August der Starke, Kurfürst von Sachsen und König von Polen, lässt 1701 den Apothekergehilfen Johann Friedrich Böttger als vermeintlichen Goldmacher in Gewahrsam nehmen und nach Dresden bringen. Zuerst entwickelt er eine Rezeptur für die Herstellung des braunen Feinsteinzeuges. 1709 meldet Böttger August dem Starken dann die Erfindung des weißen Porzellans, dem »weißen Gold«. Ein Jahr später erfolgt die öffentliche Bekanntgabe der Gründung der Porzellan-Manufaktur Meißen als »Königlich-Polnische und Kurfürstlich-Sächsische Porzellan-Manufaktur«. Die Meißner Albrechtsburg wird erste Produktionsstätte. Erstaunlichste Kunstwerke sind hier entstanden, deren Markenzeichen die gekreuzten Schwerter sind. In der Schauhalle können wir die Exponate bewundern, die Herstellung wird uns in der Schauwerkstatt live vorgeführt.

Chinesische Pracht aus der Meißener Porzellanmanufaktur

leicht

85 km

6,5 Std.

Von Meissen nach Torgau

Meißen – Diesbar-Seußlitz – Belgern – Torgau

Zurück auf die Elbbrücke. Hier genießen wir noch einmal den Ausblick, bevor wir am rechten Elbufer unsere Tour fortsetzen. Am einfachsten fahren wir, wie wir gekommen sind, hinter der Brücke rechts der Bahnhofstraße folgend bis zum Parkplatz, unten scharf rechts auf den Elberadweg. Weiter unter der Elbbrücke hindurch. Achtung: Dahinter wieder ein Poller mitten auf dem Weg. Bei Hochwasser ist die Unterquerung der Brücke meist nicht möglich. Dann oben auf der Brücke Seitenwechsel und am Aussichtspunkt links die Treppen mit Schieberinne hinunter. Für Extremhochwasser ist eine Umleitung oberhalb der Elbe ausgeschildert.

Der Elberadweg am rechten Ufer ist top ausgebaut und von hier haben wir noch lange den faszinierenden Blick auf Meißen. Nur kurz hinter der Bundesstraßenbrücke, unter der wir durchfahren, wird der Weg sehr schmal. Links Geländer, rechts Büsche und Bäume, auf dem Weg Fußgänger, entgegenkommende Radfahrer – Rücksichtnahme ist auf diesem kurzen Abschnitt erforderlich. Also lieber langsam vorwärts und dabei noch die Aussicht auf Meißen genießen.

Bis **Zadel** ist ein Verfahren kaum möglich. Am Ortsausgang nach links zum Fluss hinunter, am Ufer entlang bis Nieschütz, kurz hoch an die Autostraße, dann wieder hinunter zur Elbe und weiter bis **Diesbar-Seußlitz**. Mit diesem Ort erreichen wir das westliche Ende der Sächsischen Weinstraße. Mehrere Weinstuben und Restaurants weisen auf die Weinbauaktivitäten hin. Die Elbe beschreibt hier einen U-förmigen Linksbogen entlang einer senkrecht abfallenden Felswand. Am Ortsausgang von Seußlitz liegt rechts das barocke Schloss mit Gartenanlage.

Parallel zur Straße fahren wir auf dem Radweg bis **Merschwitz**. Hier schwenkt unser Weg nach links zur Elbe. Leider wird unsere Fahrt zwei Mal durch Treppen (mit einer Schieberinne) unterbrochen. Um diese Stellen zu umgehen, fahren wir weiter auf der Straße bis zur Kreuzung mit Wegweisung nach Goltzscha. Die nächste Möglichkeit jetzt links und wieder links, bis zur Elbe. Weiter geht es rechts bis nach Leckwitz an die Autostraße, hier links, Straße queren und auf dem Radweg rechts der Straße nach Nünchritz

Tourencharakter: Flussnahe, flache Tour entlang der Sächsischen Weinstraße, asphaltierte, gepflasterte und befestigte Radwege.
Kartenmaterial: ADFC Radtourenkarte Nr. 14, 1:150 000.
Camping: Mühlberg: Campingplatz Am Schlossteich, Betreiber Familie Hebert, D-04931 Mühlberg/Elbe, Schlossstraße 22, Tel. 03 53 42/3 33; Torgau: Campingplatz Am Großen Teich, D-04860 Torgau, Turnierplatzweg, Tel. 0 34 21/90 28 75 (Wegbeschreibung: In Loßwig nicht rechts, sondern links zurück zur Bundesstraße, diese queren und der Beschilderung zum Großen Teich folgen, rechts um den See bis zum Campingplatz).
Unterkunft: Strehla: Jugendherberge, D-01616 Strehla, Torgauer Straße 33, Tel. 03 52 64/9 20 30.
Tourist-Info: Torgau-Informations-Center, D-04860 Torgau, Schlossstraße 11, Tel. 0 34 21/71 25 71, www.torgauinfo.de, info@tic-torgau.de

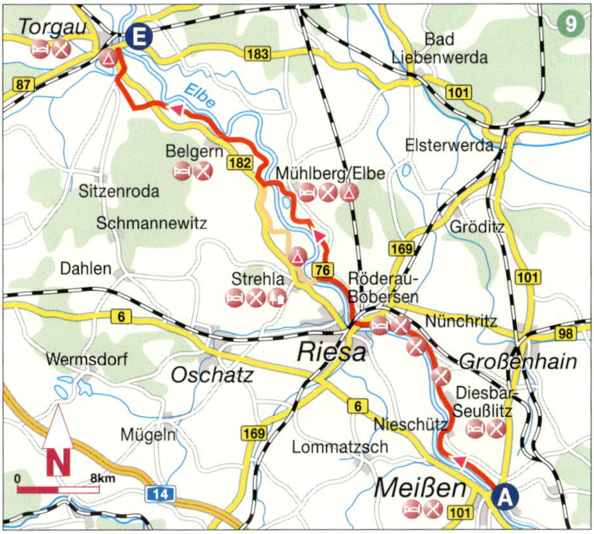

Blick von den Weinbergen bei Diesbar-Seußlitz

folgen. Am Ortseingang links Fabrikparkplatz, danach links ein Radweg zum Fluss, immer am Ufer entlang, vor uns erhebt sich eine Windmühle, links durch Grödel, danach auf dem befestigten Deich bis Moritz, hier ein kurzer Blick auf das Werbeschild und nach rechts: »Hotel Moritz an der Elbe« ist eine der wenigen Gelegenheiten auf diesem Abschnitt für eine Kaffeepause. Nach etwa 3 Kilometern erreichen wir die Eisenbahn- und Autobrücke nach Riesa.

Unter der Riesa-Brücke hindurch, weiter auf dem Damm, immer an der Elbe bleiben, an Bobersen vorbei. Jetzt folgt ein sehr schmaler Abschnitt, nur einspurig zwischen Pappeln zu befahren. Weiter links auf dem Deich bis Gohlis, hier links halten, bis Zschepa und weiter geradeaus bis Lorenzkirch. Hier gibt es die Möglichkeit, mit der Fähre nach Strehla überzusetzen.

Das kleine **Strehla** hat seinen mittelalterlichen Charakter eines Ackerbauern-Städtchens weitgehend erhalten. Die markantesten Bauwerke sind der Marktplatz mit den Bürgerhäusern, mit rekonstruiertem Brunnen und Postmeilensäule, das historische Rathaus mit farbig gestaltetem Wappen der Adelsfamilie und die Kirche mit der tönernen Kanzel. Schade, dass mitten durch die Stadt die stark befahrene Bundesstraße führt. Das Schloss liegt oberhalb der Stadt und besteht aus mehreren Höfen. Schön anzusehen sind die Sitzportale der Eingänge. Da das Schloss in Privatbesitz ist, ist das Trinkstübchen mit seinen historisch wertvollen Malereien im Südwestturm derzeit nicht zugängig.

Bis Mühlberg verläuft der Elberadweg beidseitig.

Rechtselbisch Lorenzkirch-Plotha: Von Lorenzkirch radeln wir rechts, dann links der Radwegeausschilderung hinauf nach Kreinitz folgen. Hier befindet sich auf dem Abschnitt, wo unser Weg direkt durch die Wohnhäuser führt und wir dicht an das Elbufer kommen, rechts ein Gedenkstein und links davon eine Holztafel (entgegen unserer Fahrtrichtung). Beide erinnern an den 25. April 1945. An diesem historischen Datum gab es hier zum Ende des Zweiten Weltkriegs das erste Zusammentreffen von US- und Roter Armee. Berühmt ist dagegen die (nachgestellte) Begegnung an der Elbbrücke von Torgau.

Unser Weg folgt auf sandigem Untergrund steil oberhalb dem geschwungenen Verlauf der Elbe. Kiefern und Ginster bestimmen das Bild. Im Dorf Gaizhäuser ist die Straße wieder asphaltiert. An der Kreuzung (rechts liegt Fichtenberg) links abbiegen, durch Borschütz, bis zur Straße nach Mühlberg, links die Auffahrt auf den befestigten Deich für besseren Ausblick nicht verpassen, denn dahinter liegt ein alter Elbarm.

Mühlberg hat einen historischen Stadtkern mit restauriertem Rathaus, daneben das Zisterzienserkloster mit Kirche, Abtei und Hospiz und das

Schloss. Daher lohnt ein Abweichen vom ausgeschilderten Radweg hinein in den Ortskern. Vom Rathaus aus der Straße westwärts folgen, rechts herum bis zur T-Kreuzung, hier links Richtung Köttlitz und dann links ab zur Elbfähre. Am Ortsausgang geht der Straßenbelag in Pflasterung über, die uns schon gut durchrüttelt. Wo der Deich gequert wird, können wir links an den nett gelegenen Schlossteich fahren. Hier gibt es einen kleinen Rastplatz und Sandstrand mit Bademöglichkeit. Oberhalb befindet sich der Campingplatz.

Bis zur Elbfähre Mühlberg ist es nur etwa 1 Kilometer (Fährzeiten Mo–Sa 4.30–20.30 Uhr, So und Feiertag 7–20.30 Uhr). Auf dem Fährzubringer bis zur B 182, hier rechts, Straße ohne Radfahrstreifen, bis zur nächsten Abzweigung, rechts nach Plotha.

Der Roland von Belgern

Linkselbisch Strehla-Plotha: Von der Elbfähre Strehla aus bleiben wir dicht am linken Ufer und fahren unterhalb der Stadt bis nach Görzig, hier bei den ersten Häusern den Anstieg hinauf, oben rechts und weiter nach Lößnig, vor dem Ort links nach Paußnitz bis an die B 182, der wir rechts folgen. In Aussig fahren wir geradeaus durch den Ort, um dann links wieder der B 182 bis nach Seydewitz zu folgen. Hier links ab, bis zur nächsten Kreuzung, rechts und bis zur B 182, hier hinüber nach Plotha.

Ab Plotha folgen wir immer dem asphaltierten Radweg über Dröschkau nach Ammelgoßwitz. Hier links nach Belgern, der Weg führt bis an die Elbe zur Fähre (Fährzeiten Mo–Sa 6–18 Uhr, Sa und So 9–17.30 Uhr). Vom Fähranleger steigt die Straße an hinauf in die Stadt, steil zwar und auch leicht schweißtreibend, aber durchaus lohnenswert.

Im Zentrum von **Belgern**, am Marktplatz werden wir für die Mühe entschädigt: Wir bewundern die Postmeilensäule von 1730, das knallrot gestrichene Renaissance-Rathaus von 1578, und vor allem den »Riesenkerl« links davor, den steinernen Roland, irgendwie in seinen Proportionen leicht verzogen, mit den extrem langen Beinen, dem kleinen Kopf und dem seltsamen goldenen Knöpfchen. Der Junge hat echtes Gardemaß: 5,45 Meter. Um ihn ranken sich wilde Erzählungen. Einst aus Holz errichtet, sei der farbenprächtige Roland von Torgauer Bürgern aus Neid entführt worden, doch die wachsamen Belgeraner hätten die Diebe eingeholt, den Roland zu-

Kursächsische Postmeilensäule

rückgebracht und ihn sodann in Stein meißeln lassen, um einen weiteren Diebstahl zu verhindern. Die Torgauer allerdings, die künftig nach Belgern kamen, mussten zum Zeichen ihrer Reue dem neuen Roland in die große Zehe beißen. Zu seinen Füßen ist eine Inschrift von 1756 zu lesen: »Der Rath zu Belgern hat anstatt des vorhero hölzern gewesenen Rolandes an. 1610 eine steinerne Statue aufsetzen und diese den 3. Augusti 1750 renovieren lassen«.

Zurück zur Fähre Belgern, von wo der Radweg linksseitig weiter dem Elbufer folgt. Der knickt links ab, führt den Hang hinauf, nach der Linksschleife rechts auf dem Radweg nach Döbeltitz, im Ort an der Hauptstraße rechts, nach Kranichau, hier erst rechts und dann links nach Weßnig, durch die Felder bis zur T-Kreuzung vor Weßnig, hier links, vorbei

Dominiert den Marktplatz – das Torgauer Rathaus

an der »1. Deutschen Radfahrerkirche« (rechts), im Ort links zur B 182, geradeaus nach Bennewitz.

Hier rechts Richtung Loßwig, wieder über die B 182, im Ort an der T-Kreuzung rechts, der Dorfstraße folgen bis zur nächsten Kreuzung, wo links der Gasthof steht, hier links nach Torgau abbiegen. Nach etwa 1,5 Kilometer schwenkt der Radweg nach rechts auf den Damm und Torgau taucht vor uns auf. Wir rollen am Hafen vorbei, bis zur T-Kreuzung, rechts und danach links, unter der Elbbrücke hindurch direkt auf Schloss Hartenfels zu.

Torgau wurde 973 erstmals urkundlich erwähnt. Im 15. und 16. Jh. war die Stadt bevorzugte Residenz der sächsischen Kurfürsten. Das Wahrzeichen, Schloss Hartenfels, gilt als bedeutendste Schlossanlage der deutschen Frührenaissance. An der Grenze von Sachsen und Preußen gelegen, sieht das wuchtige Gebäude eher wie eine Festung als wie ein repräsentativer Bau aus. Aber ein Besuch des Schlosshofes lohnt, denn dort finden wir an der Stirnseite den Wendelstein, einen prachtvollen Treppenaufstieg. Überhaupt, großartig sieht der Bau von hier aus. Der Aufstieg auf den Schlossturm lockt uns mit dem Blick auf die Stadt und den geschwungenen Verlauf des in der Sonne glitzernden Elbwassers.

Aber nicht nur die Fürsten, auch die Kaufleute hinterließen ihre Spuren. Vom früheren Reichtum der Bürger zeugen das mächtige Rathaus am Markt, die Mohrenapotheke und die zahlreichen Patrizierhäuser. Die fast vollständig erhaltene Renaissancebebauung der Altstadt beeindruckt uns ebenso wie die Größe der Stadtkirche St. Marien, in der Martin Luther seine ersten Predigten hielt und in der seine Frau Katharina von Bora bestattet ist (ihr Grabstein ist sehenswert).

leicht

77 km

6 Std.

Von Torgau nach Wittenberg

Torgau – Dübener Heide – Lutherstadt Wittenberg

Unterhalb von Schloss Hartenfels befindet sich das Denkmal zur Erinnerung an die Begegnung, die hier im Frühjahr 1945 stattfand. Offiziell trafen sich hier Soldaten der Roten Armee und der US-Streitkräfte. Gegenüber befindet sich das Ehrenmahl »Ruhm dem Sowjetvolk – Dank für seine Befreiungstat«. Hinter dem Denkmal mit Hammer und Sichel folgt der Elberadweg direkt der Uferpromenade, unter der Eisenbahnbrücke hindurch, an Repitz entlang, dann links abbiegen nach Döbern. Wir verlassen für einige Kilometer die unmittelbare Nähe der Elbe, um nicht jeder ihrer Windungen folgen zu müssen. Dafür radeln wir nun durch riesige Kornfelder hindurch, hin zur »Alten Elbe«. Am Gewässer entlang in den Ort, an der Kreuzung rechts bis zum Deich, diesem links folgen, bis der Weg links nach Mockritz abbiegt. In Mockritz der Dorfstraße bis zur Kirche folgen, dann rechts in den Elsniger Weg abbiegen, der Radpiste folgen, im Linksbogen an das Flüsschen Weinske, welches wir ein Stück begleiten, dann wieder in einer Rechtskurve verlassen. Vor dem Elbdeich links herum bis Polbitz, vor der Ortseinfahrt links nach Drebligar, dort an der Kirche rechts, bis zum Elbdeich und an ihm entlang bis zur Straße, die rechts zur Fähre hinüber nach Prettin führt, links nach Dommitzsch (Fährzeiten Mo–Fr 5–21 Uhr, Sa und So 6.30–20 Uhr). Das Fährhaus lädt auf seine Dachterrasse mit Elbblick zu

Symbol für das Ende des 2. Weltkriegs

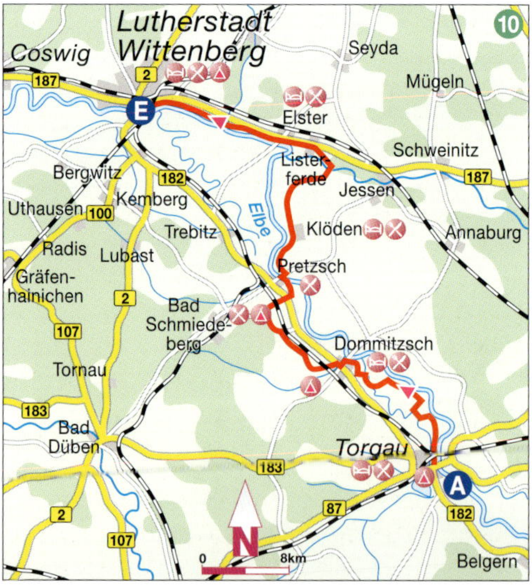

Eis, Kaffee und Kuchen ein, ehe wir der Straße hinauf nach Dommitzsch folgen.

Dommitzsch liegt deutlich oberhalb der Elbe auf einem Hügel, und wie es das Radfahrer-Schicksal so will, gibt es keine Möglichkeit, den Ort zu umfahren. So strampeln wir die etwa 1,5 Kilometer von der Fähre ins Zentrum zum Schluss kräftig bergan, um auf der Kuppe gleich in die erste Straße rechts einzubiegen und wieder ein Stück hinunterzurollen. Wir sausen links herum zur B 182, die wir queren, um nun wieder hinaufzustrampeln. Über die Bahngleise verlassen wir geradeaus den Ort. Wir finden uns auf schön asphaltierten, ruhigen Feldstraßen wieder.

Hinweis: Wer hier Zelten möchte, fährt die nächste Möglichkeit (nach etwa 800 Metern) links ab und folgt der Ausschilderung Richtung Mahlitzsch und zum Campingplatz am Lindenmühlenteich.

Nach ca. 1000 Metern rechts, folgen wir nun immer parallel der Bahnlinie. Nach etwa 5 Kilometern treffen wir auf eine Landstraße, wo wir auch die Landesgrenze von Sachsen nach Sachsen-Anhalt überfahren. Das hat Folgen, denn unser Elberadweg trägt ab jetzt die Bezeichnung R 2. Hier links, der Straße durch die **Dübener Heide** bis zu den »Lausiger Teichen« folgen, die zum Baden einladen. Jetzt biegt unser Radweg rechts ab, am Campingplatz vorbei, erst befestigter Sandweg, dann asphaltierter Wirtschaftweg, der uns gut ausgeschildert über die Schienen bis zur B 182 führt. Hier links und gleich wieder rechts, nach Priesitz. Im Ort rechts zum Priesitzer See. Dort steht die alte Schifferkirche, die nach dem Hochwasser vom August 2002 komplett restauriert wurde. Durch die Seenlandschaft hindurch und vor dem Rastplatz links am See entlang. Hier langsam fahren, denn diese Elblandschaft ist zu schön zum Vorbeiflitzen. Weiter folgen wir dem Weg bis zur T-Kreuzung an der Landstraße. Links liegt Pretzsch, uns gegenüber das Schloss, das seit 1574 seine Gestalt bewahrt hat. Rechts herum geht es zur Fähre Pretzsch (Fährzeiten Mo–Fr 5–21 Uhr, Sa/So/Feiertag 7–19 Uhr).

Mit der Fähre setzen wir über, fahren durch den Elbdeich, biegen hier links ab, immer dem Fahrweg folgen, bis an die Straße, hier links nach Kleindröben. Am Ortsbeginn links in die Elbauen und auf dem Sandweg bis Klöden. Bei Hochwasser fahren wir besser auf der Autostraße geradeaus bis zur Abzweigung und dann links nach Klöden. Auf der Straße fahren wir

Tourencharakter: Flussnahe, flache, teils leicht hügelige Tour. Asphaltierte, gepflasterte und befestigte Radwege.
Kartenmaterial: ADFC Radtourenkarten Nr. 14, Nr. 8, 1:150 000.
Camping: Mahlitzsch: Radfreundlicher Campingplatz, D-04880 Mahlitzsch, Dorfstraße 1, Tel. 03 42 23/4 06 46; Bad Schmiedeberg: Campingpark Lausiger Teiche, D-06905 Bad Schmiedeberg, Pf. 11, Tel. 03 49 26/5 74 75, camping@lausiger-teiche.de; Wittenberg: MCE Marina-Camp Elbe, D-06888 Wittenberg/Pratau, Brückenkopf 1, Tel. 0 34 91/45 40, www.marina-camp-elbe.de, info@marina-camp-elbe.de (Lage linkselbisch, auf der B 2 über die Elbe, Radweg rechts, am Brückenende rechts zum Camping ausgeschildert).
Tourist-Info: Wittenberg-Information, D-06886 Lutherstadt Wittenberg, Schlossstraße 2, Tel. 0 34 91/49 86 10, www.wittenberg.de, wb_info@wittenberg.de

Ausschilderung Elberadweg in Sachsen-Anhalt

über Schützberg nach Gorsdorf-Hemsendorf. Der Straße folgen, geradeaus über die »Schwarze Elster«, danach die erste Möglichkeit links, bis zur B 187 in Listerfehrda, sofort wieder links vom Autoverkehr weg, um den Ort herum, bis die Bundesstraße gekreuzt wird, links herum auf dem begleitenden Radweg nach Elster (Elbe).

Hier lohnt ein Stopp. Es gibt im Ort direkt an der Elbe gelegen einen Rastplatz mit Schutzdach sowie zahlreiche Bänke entlang des Ufers. Zur Fähre hin laden auch die Gasthäuser ein. Wir können hier wirklich Elbetypisches beobachten. Besonders im Mai und Juni lohnt ein Blick elbaufwärts. Dann leuchtet es am Ufer rosafarben. Wenn wir neugierig näher kommen, stellen wir mit Verwunderung fest: Es ist Schnittlauch, der hier blüht, Elbschnittlauch. Er ist äußerst aromatisch, eine Kostprobe beweist dies deutlich. Wenden wir uns nach rechts, blicken wir auf die Gierfähre, die lautlos ihren Dienst versieht und von einem Ufer zum anderen pendelt, verankert über das Seil, das sich bis zum Elbebogen hinzieht (Fährzeiten Mo–Fr 5.30–20 Uhr, Sa/So/Feiertag 8–20 Uhr).

Von der Fähre fahren wir ein Stück Richtung Bundesstraße, dann geht es links hinein, durch die Häuser. Auf dem Elbuferweg werden wir parallel zum Fluss geleitet. Links steht eine kleine Schutzhütte mit Blick auf die Elbe. Hier knickt der Weg rechts ab und führt vom Fluss weg. Nach ein paar Metern stehen wir vor einem kleinen Museum, einer Gierfähre und einer Bockwindmühle. Beides kann besichtigt werden. Tafeln informieren uns über die Geschichte dieser so unterschiedlichen Ausstellungsstücke. Die Mühle tat bis 1945 ihren Dienst, und die Fähre trägt den Namen »10. Jahrestag«, 1958 so benannt zum zehnjährigen Bestehen der DDR, als ihre damals modernste Gierfähre.

Gierseilfähren statt Brücken

Gierseilfähren sind typische Fahrzeuge zum Queren der Elbe. Ihre Technik erfand 1657 der Holländer Hendrick Heuck aus Nimwegen. Eine »Gierponte« hängt an einem langen Drahtseil, das im Fluss verankert ist und sich kurz vor der Fähre spaltet. Ein Seilende ist am Bug, das andere am Heck befestigt. Verändern sich nun mittels Seilwinden die Längen dieser Enden zueinander, verändert sich auch der Ausstellwinkel der Fähre zum Fluss. Der Druck des anströmenden Wassers drängt so die Fähre an das entsprechende Ufer. Damit die Fahrrinne frei bleiben kann, liegt der

Berühmte Schlosskirche zu Wittenberg

Marktplatz der Lutherstadt Wittenberg

Anker nicht direkt in der Mitte des Flusses, sondern nahe zu einem Ufer. Zwischen Fähre und Mühle biegen wir links ab und folgen dem gepflasterten Weg, streifen Iserbegka, rechts unten vom Dammweg eine kleine Gaststätte mit Information und Zimmervermittlung. Weiter nach Gallin, im Ort an den Fluss, auf dem Pflasterweg nahe zur Elbe bleiben, nach Prühlitz, gerade durch den Ort, nach der Rechtskurve wieder links nach Hohndorf, und weiter durch die Wittenberger Luch nach Elstervorstadt. Hier treffen wir auf die B 187, die nach Lutherstadt Wittenberg hineinführt (Dresdner Straße). Linksseitig verläuft für uns der Radweg. Über die Bahngleise und unter der Bahnbrücke hindurch geradeaus ins Zentrum (Fußgängerzone).

Wittenberg ist bekannt als die Stadt Martin Luthers, und so finden wir sein Standbild vor dem Rathaus mitten auf dem Marktplatz. Be-

Tipp Etwas Besonderes ist es, Wittenberg wie im Mittelalter zu erleben. Immer am zweiten Wochenende im Juni (wenn Pfingsten nicht dazwischenkommt) wird Luthers Hochzeit gefeiert und wer im mittelalterlichen Gewand kommt, hat freien Eintritt in die Altstadt. Sonst muss man an diesem Wochenende leider bezahlen, auch wenn man nur die Stadt erkunden möchte.

reits 1502 gründete Kurfürst Friedrich der Weise in dieser Stadt eine Universität, an die 1508 der Augustinermönch Luther als Professor für Theologie berufen wurde. Mit seinen 95 Thesen, die er der Legende nach an die Tür der Schlosskirche geschlagen hat, trat er 1517 öffentlich gegen die damaligen kirchlichen Verhältnisse auf. Hierdurch wurde Wittenberg zum Ausgangspunkt der lutherischen Reformationsbewegung und zu einem geistigen Zentrum in Europa.

Aber auch zahlreiche andere Persönlichkeiten prägten das Geistesleben, darunter Philipp Melanchthon, Johannes Budenhagen und Lucas Cranach d.Ä. Mit dem Tode Luthers und der Verlegung der sächsischen Residenz von hier nach Torgau verlor Wittenberg an Bedeutung.

Dennoch fesselt uns noch heute der Charme der Altstadt mit ihren markanten Gebäuden. Von der Schlosskirche bis zur Lutherhalle, vom Schwanenteich zum Cranachhof, über das Renaissance-Rathaus und die Marienkirche beeindruckt uns Wittenberg mit seiner Geschichte. Schön, dass weite Teile der Altstadt Fußgängerzone sind.

Hier soll Martin Luther seine Thesen angeschlagen haben – Tür der Schlosskirche

leicht

43 km

3,5 Std.

Von Wittenberg nach Dessau

Lutherstadt Wittenberg – Wörlitz – Dessau

Lange haben wir nicht mehr die Möglichkeit gehabt, so massiv abzuwägen, auf welcher Elbseite wir **Lutherstadt Wittenberg** verlassen wollen. Die vermutlich schnellste, aber mit Sicherheit auch absolut unattraktivste Strecke verläuft rechtselbisch auf einem Radweg entlang der sehr stark befahrenen B 187. Wir verlassen das Zentrum von der Schlosskirche westwärts. Ab Stadtgrenze immer links der Straße fahren wir bis nach Coswig. Kurz vor dem Ortszentrum geht es links ab nach Wörlitz (B 107), hinunter bis zur Fähre Coswig. Die Ausschilderung ist ein wenig dürftig. Vor dem Fähranleger wird es sehr holperig (Fährzeiten Mo–Do 7–20 Uhr, Fr 7–22 Uhr, Sa/So/Feiertag 9–22 Uhr). Dem Radweg rechts an der B 107 bis nach **Wörlitz** folgen.

Von der Landschaft her attraktiv und so gut wie autofrei ist die linkselbische Variante. Es handelt sich aber eher um eine Schönwetterstrecke, da nach dem Hochwasser von 2002 einige neue Deiche noch im Bau sind.

Vom Stadtzentrum Lutherstadt Wittenberg fahren wir auf dem Radweg über die neue Elbbrücke, rechts parallel zur B 2. Am Abzweig

Tourencharakter: Landschaft pur – Deiche, Auenwälder, traumhafte Parkanlagen.
Wenig Asphalt, aber auch wenig Autoverkehr. Im Sand etwas mühsamer, aber absolut flach.
Kartenmaterial: ADFC Radtourenkarte Nr. 8, 1:150 000.
Camping: Dessau: Campingplatz Adria, Dessau-Mildensee, Tel. 03 40/2 16 09 45.
Unterkunft: Dessau: Jugendherberge Grüne Oase, D-06846 Dessau, Waldkaterweg 11, Tel. 03 40/61 94 52.
Sehenswertes: Dessau: Bauhaus Dessau, D-06846 Dessau, Gropiusallee 38, Tel. 03 40/6 50 82 51, (geöffnet täglich 10–18 Uhr, Führungen für Einzelbesucher täglich 11–14 Uhr, zusätzlich Sa 16 Uhr, So 12 und 16 Uhr), www.bauhaus-dessau.de, besuch@bauhaus-dessau.de
Naturpark: Biosphärenreservatsverwaltung Flusslandschaft Mittlere Elbe, Informationspavillon Auenhaus, Tel. 03 49 04/4 06 31 (geöffnet Mai–Okt. Di–Fr 10–17 Uhr, Sa/So/Feiertag 11–17 Uhr, Nov.–April Di–Fr 10–16 Uhr), www.biosphaerenreservatmittlereelbe.de, bioresme-info@t-online.de
Tourist-Info: Wörlitz: Wörlitz-Information, D-06786 Wörlitz, Förstergasse 26, Tel. 03 49 05/2 02 16, www.woerlitz-information.de; Dessau: Tourist-Information, D-06844 Dessau, Zerbster Straße 2c, Tel. 03 40/2 04 14 42, www.dessau.de, touristinfo@dessau.de

nach Seegrehna biegen wir rechts ein, folgen dem Radweg bis zum Kreisel, den wir gleich rechts nach Kienberge verlassen. Am Ende des Ortes fahren wir wieder rechts zum Deich, dem wir konsequent links folgen, auch wenn es sandig wird. Drei Straßen nach links lassen wir unbeachtet, bis wir auf die Asphaltstraße nach Bodemar kommen. Durch das Dorf hindurch, bis zur T-Kreuzung und rechts abbiegen. Die Straße führt uns durch einen weiteren Deich und in den Wald hinein. Wir erreichen den kleinen Weiler Heinrichswalde und folgen dem nun unbefestigten Waldweg links herum, der gleich wieder rechts abbiegt. Hier immer geradeaus durch den Wald bis zur T-Kreuzung (Hauptweg), rechts und an der nächsten Kreuzung gleich wieder links. Nun dem Weg in der Hauptrichtung West folgen. Der Wald lichtet sich, wir radeln durch Auenwiesen. Rechter Hand befindet sich im Elbebogen das Biberschutzgebiet. Schließlich erreichen wir wieder den Elbdeich. Unser Waldweg geht in einen unbefestigten Autoweg über. Wir folgen nun immer der Hauptroute, die nach etwa 2 Kilometern scharf links wegknickt. Die Asphaltstraße lassen wir rechts liegen und radeln erst an der T-Kreuzung rechts und gleich wieder links. So werden wir bis an die Landstraße geführt, auf der es rechts herum direkt nach Wörlitz hinein geht.

Weltkulturerbe Dessau-Wörlitzer Gartenreich

Groß werden unsere Augen, als wir die ausgedehnten Wasserflächen sehen, darauf die Gondeln, die Trauerschwäne, im Hintergrund die verschiedenartigen Bäume, darüber aufragend der backsteinerne Bibelturm. Wir haben den bedeutendsten Landschaftspark Kontinentaleuropas erreicht. Goethe schrieb 1778 an Freifrau von Stein: »Hier ists jetzt unendlich schön. Mich hats gestern Abend, wie wir durch die Seen, Kanäle und Wäldchen schlichen, sehr gerührt, wie die Götter dem Fürsten erlaubt haben, einen Traum um sich herum zu schaffen. Es ist, wenn man so durchzieht, wie ein Märchen, das einem vorgetragen wird, und hat ganz den Charakter der elysischen Felder; in der sachtesten Mannigfaltigkeit fließt eins in das andre; keine Höhe zieht das Auge und das Verlangen auf einen einzigen Punkt; man streicht herum, ohne zu fragen, wo man ausgegangen ist und hinkommt. Das Buschwerk ist in seiner schönsten Jugend, und das Ganze hat die reinste Lieblichkeit.« 112 Hektar groß ist der von 1764 bis kurz nach 1800 angelegte **Wörlitzer Garten**. Fürst Leopold III. Friedrich Franz von Anhalt-Dessau verwirklichte unter dem Einfluss der bürgerlichen Aufklärung ein Reformprogramm, das alle Lebensbereiche umfasste, und verwandelte Anhalt-Dessau in ein Musterländchen – in einen Garten für

Biberfreianlage bei Vockerode

die Menschen. Sichtbarer Ausdruck dessen ist das Dessau-Wörlitzer Gartenreich. Bei einer Gondelfahrt lassen wir uns von alldem verzaubern.
Von Wörlitz Zentrum auf der B 107 in Richtung Coswig. Am Ortsausgang links. Der Radweg verläuft geschwungen links der Straße. Wenn sie nach links abschwenkt, fahren wir geradeaus auf der unbefestigten Allee, die später in einen festen Sandweg übergeht, auf dem Deich entlang, bis linker Hand Vockerode auftaucht.

Hinweis: Wir haben schon eine Menge über Biber gehört und gesehen. Allerdings, in freier Wildbahn ist er uns bislang nicht begegnet. Durch seine Nachtaktivität und sein scheues Wesen ist es schwierig, einen Einblick in seine Lebensweise zu erhalten. Der Biber ist eine der ältesten heute lebenden Säugetierformen der Erde. Ausgewachsen ist er mit einem Gewicht von ca. 35 Kilogramm und einer Körperlänge bis zu 140 Zentimeter das größte Nagetier Europas. Der spindelförmige Körper und Schwimmhäute an den Hinterfüßen sind optimal für eine schnelle Fortbewegung im Wasser. Der breite, flache Schwanz, die haarlose und beschuppte »Kelle«, dient als Steuer, aber auch zur Regulierung der Körpertemperatur. Lange wurde der Biber verfolgt und im 19. Jh. fast ausgerottet. Heute leben wieder an die 5000 Elbebiber entlang des Flusses, der für sie einen idealen Lebensraum bietet.
In der Biberfreianlage haben wir Zugang zu seinem Lebensraum und bekommen ihn aus allernächster Nähe am Tage durch ein Fenster in seiner Burg zu sehen. Von einem Aussichtsturm können wir ihn auch in den Abendstunden beobachten. Ganz in der Nähe befindet sich das »Auenhaus«, das Informationszentrum Biosphärenreservat Flusslandschaft Mittlere Elbe, das uns viel über die Elbe, ihre Struktur und die hier lebenden Tiere zeigt.
Um die Biberfreianlage und das Auenhaus zu besuchen, müssen wir unseren Elberadweg in Vockerode verlassen. Hin und zurück bedeutet dies eine Strecke von etwa 5 Kilometer. Wir nutzen nach dem Werksgelände die nächste asphaltierte Möglichkeit, den Hang hinunterzusausen, und folgen der Straße rechts herum bis zum Ende, dort links, folgen kurz der Hauptstraße und radeln dann immer geradeaus durch die Wohngebiete. Die Straße verläuft schließlich in eine scharfe Linkskurve. Wir bleiben auf dem R 1 und fahren weiter auf dem Sandweg. Linker Hand taucht eine

Kraftvolle Baumfäller – die Biber

Guanako-Farm auf, dann führt uns der Weg in den Wald hinein. Nach kurzer Zeit erreichen wir das Kapenschlösschen (heutiger Sitz der Verwaltung Biosphärenreservat). Wir queren einen Wassergraben und folgen dann links dem kleinen Schild zur Biberfreianlage. Zum Auenhaus biegen wir nicht links ab, sondern radeln weiter geradeaus. Nach etwa 1 Kilometer liegt es linker Hand. (Biberfreianlage geöffnet Mai–Okt. Sa/So/Feiertag 11–17 Uhr; Anmeldungen für sonstige Besuchstermine unter Tel. 03 49 04/4 06 14).

Von **Vockerode** rollen wir auf dem Deich weiter, immer mit Blick nach rechts auf die Elbe, unter der Autobahn A 9 hindurch, am Dianentempel vorbei, danach durch das Walltor, bis zur Ruine Sieglitzer Berge. Wir fahren durch das Reich von Leopold III. Friedrich Franz, der neben dem Wörlitzpark auch diese Landschaft gestalten ließ. Nach ihm ist auch dieser Abschnitt des Elberadwegs benannt: Fürst-Franz-Radweg (R 1). Unter großen, alten Bäumen stehen Bänke für eine schattige Rast bereit. Weiter fahren wir auf dem Kupenwall, vorbei am Forsthaus Leiner Berg (Ausflugslokal), am ehemaligen Forsthaus rechts vorbei, über eine Brücke (Achtung: Vor und hinter der Brücke liegen große Steine als Sperre mitten auf dem Weg!), auf dem Radweg neben einer unbefestigten Straße, bis zur hölzernen, überdachten Muldebrücke (Achtung: Auch hier vor und nach der Brücke Steine mitten auf dem Radweg – leicht zu übersehen). Wir radeln praktisch geradeaus weiter, lassen das Ausflugslokal links liegen. Achtung: Der enge Waldweg endet in einer scharfen, unübersichtlichen Rechtsabbiegung! Auf der nun asphaltierten Strecke rechts unterhalb des neuen Deiches der Linkskurve bis zur B 184 folgen. Hier rechts halten, unter der Straße und der Eisenbahn hindurch, am Beckerbruch (links) entlang bis zum Leopoldshafen. Von hier auf dem Radweg R 1 zum Bauhaus Dessau und ins Zentrum.

Berühmt für Dessau – das Bauhaus

Dessau und Bauhaus, das scheint eins zu sein. 1925/26 wurde hier das berühmte Bauhausgebäude nach Entwürfen von Walter Gropius errichtet. Das raumgreifende Ensemble aus Glas, Stahl und Beton, in das jeder Gegenstand ohne aufgesetzte Effekte integriert ist, entspricht der Idee seines Begründers: Die Form gehorcht der Funktion. Die Entwürfe des Bauhauses vereinten Kunst und Technik und wirkten für die moderne Industriekultur bahnbrechend. Das Architektur-Denkmal und die Meisterhäuser wurden 1996 von der UNESCO in die Liste des Weltkulturerbes aufgenommen. Aber Dessau, das bedeutet mehr als nur Bauhaus. Herrliche Parks und schöne Schlösser zeichnen die Stadt aus, darunter das Schloss Georgium, das Luisium und das Rokokoschloss Mosigkau.

leicht

78 km

6 Std.

Von Dessau nach Magdeburg

Dessau – Pretzien – Magdeburg

In **Dessau** radeln wir zurück zum Leopoldshafen. Links, an der Elbe entlang, bis zum Kornhaus, eines der markanten Bauwerke des Bauhauses, im Halbrund direkt am Elbdeich gebaut, auch heute noch ein Ausflugslokal. Weiter auf dem Deich mit herrlichem Elbblick. Am Klärwerk links vom Deich herunter und geradeaus auf dem Radweg, rechts am Beobachtungsturm und am Weinbergschlösschen vorbei, entlang des Ufers des Kühnausees, durch die Wiesen nach Großkühnau, wo der Fürst-Franz-Radweg endet.

Hinweis: Hier tun sich zwei Möglichkeiten auf. Entweder fahren wir auf direktem Weg nach Aken und setzen dort mit der Autofähre über, wobei wir an der Hauptstraße Dessau-Aken radeln müssen, oder wir begeben uns auf abgeschiedenen Pfaden ans rechte Elbufer.

Linkselbisch: Direkt nach Aken: An der Kirche in Großkühnau vorbei, in die Burgreinaer Straße, an der Kreuzung links bis zur Neekener Straße, weiter geradeaus, auf den Waldweg, hinter der Schleuse rechts, nächste Verzweigung links, an der Landstraße Dessau–Aken (B 187a) rechts auf dem Radweg. In Aken am Ortseingang rechts (nach dem Seniorenheim rechter Hand, gegenüber geht es links zum Klärwerk), über die Bahngleise, am

Durch das NSG Steckbyer-Lödderitzer-Forst

Deich entlang, an der Straße rechts zur Fähre (Fährzeiten Mo–Sa 6–20 Uhr, So 8–20 Uhr). Rechtselbisch der Straße bis Steutz folgen, am Ortseingang vor dem Anstieg links auf den Platten-Feldweg durch Wiesen und Felder im großen Rechtsbogen bis zur Straße, hier links nach Steckby. Oder in Steutz bis zur Kreuzung im Ort (rechts nach Rosslau/Brambach, links nach Steckby), hier links.

Rechtselbisch: In Großkühnau links an der Kirche vorbei, rechts halten zum Siebeneichenweg, der Asphaltstraße rechts folgen, durch Felder, in den Wald, vor der Elbe links am Ufer entlang. Am rechten Ufer erscheint Hotel und Restaurant »Elbterrassen« in Brambach. Hier gibt es keine offizielle Fähre, sondern eine Übersetzmöglichkeit, d.h. ein so genanntes Sportboot verkehrt nach Bedarf von einem Ufer zum anderen. Wir rufen oder winken hinüber, dann wird drüben die Glocke geläutet, als Zeichen, dass wir abgeholt werden (für Handy-Besitzer: Tel. 03 49 01 /8 26 75). Die Straße führt leicht aufwärts, trifft auf die Hauptstraße, links in Richtung Steutz, dort die B 187a queren und weiter nach Steckby. In **Steckby** links in die Steutzer Straße, durch den Ort, dann halbrechts in die Badetzer Straße, am Sportgelände entlang. Nach kurzer Zeit, wo der Wald beginnt, geht der Asphalt in unbefestigte Fahrbahn über. Wir fahren mehrere Kilometer durch das NSG Steckbyer-Lödderitzer-Forst. Linker Hand taucht mitten im Wald das Ruinenportal der Friederikenburg auf. Wenn wir auf die Landstraße nach Zerbst treffen, fahren wir links nach Tochheim. Dort rechts in die Kämeritzer Straße, nächste Möglichkeit links halten, bis zum Rastplatz mit Schutzhütte.

Tourencharakter: Tour durch das Biosphärenreservat Flusslandschaft Elbe, durch Wälder und Auen, durch alte Dörfer mit interessanten Kirchen – auf der Straße der Romanik unterwegs. Asphaltierte, gepflasterte und unbefestigte Radwege, sandige Waldwege, Landstraßen mit wenig Autoverkehr.
Kartenmaterial: ADFC Radtourenkarte Nr. 8, 1:150 000.
Camping: Prödel: Campingplatz Prödler See, D-39264 Prödel, Tel. 0 39 23/72 19 00; Plötzky: Ferienpark Plötzky Campingplatz Kleiner Waldsee, D-39245 Plötzky, Tel. 03 92 00/5 01 55; Magdeburg: Kanu-Club Börde e.V. (an der Alten Elbe), D-39114 Magdeburg, Seestraße 26, Tel. 03 91/85 77 86.
Tourist-Info: Magdeburg: Tourist-Information, D-39104 Magdeburg, Ernst-Reuter-Allee 12, Tel. 03 91/1 94 33, www.magdeburg.de, www.magdeburg-tourist.de, info@magdeburg-tourist.de

Hier links dem Waldweg zur Poleymühle folgen. Hier über das Wasser und bis zur nächsten Querstraße, der wir links nach Walternienburg folgen.

Hinweis: Ab hier führen zwei Wege nach Dornburg. Zum einen auf der Hauptroute über Gödnitz und Prödel, oder via Ronney (hier fließt von Südwesten die Saale in die Elbe) durch die Elbauenlandschaft.

Die zweite Variante ist landschaftlich sehr spannend und idyllisch abgelegen, wird unter der Bezeichnung R 2a geführt, ist allerdings bei und direkt nach Hochwasser nicht befahrbar. Von Walternienburg links nach Ronney, in Richtung Fähre. Kurz nach dem Gasthaus und dem NSG-Museum auf der linken Seite biegen wir rechts ab und folgen der Ausschilderung. Im Zweifelsfall immer links halten zur Elbe hin, unter der Eisenbahnbrücke hindurch, entlang der Nuthe. Nachdem die Nuthe die Elbe erreicht hat, führt uns der Weg rechts ein Stück vom Fluss weg. An der T-Kreuzung wieder links. Nun geht es zurück bis zur Elbe. Auf herrlicher Strecke radeln wir, den Campingplatz rechts liegen lassend, bis an die Landstraße, die uns links nach Dornburg führt.

Die ganzjährige Wegstrecke geht durch Walternienburg geradeaus, nach ca. 2 Kilometern unter der Bahnbrücke hindurch, weiter geradeaus, an Flötz vorbei und durch Gödnitz, am herrlichen Badesee gelegen. Dann macht die Straße einen Rechtsknick Richtung Lübs. Hier radeln wir geradeaus weiter in den Wald hinein. Nachdem wir den Wald wieder verlassen haben, liegt rechts ein Bauernhof, hier links wieder in den Wald hinein und immer geradeaus, über eine Wegkreuzung, den Hang hinunter am Campingplatz Prödeler See vorbei, an der T-Kreuzung rechts (trifft hier mit dem R 2 a wieder zusammen), an der Straße links nach Dornburg.

In Dornburg können wir einen Eindruck von vergangener Pracht erlangen, wenn wir uns im Ort kurz nach links wenden. Dort steht ein stattliches Anwesen, das Sprengel-Schloss mit Nebengebäuden. Auf der Straße fahren wir weiter Richtung Dannigkow. Nach ca. 2,5 Kilometern, wo die Straße scharf rechts wegbiegt, fahren wir geradeaus auf dem unbefestigten Weg durch das Naherholungsgebiet Felsensee und Blauer See, bis zur Straße, hier links nach Pretzien.

Bekam 1889 eine Goldmedaillie auf der Weltausstellung in Paris: Das Pretziener Wehr

Im Zentrum von **Pretzien** lohnt es anzuhalten. Wo es rechts nach Plötzky geht, können wir, leicht links und gleich wieder rechts, ein Kleinod entdecken, die Dorfkirche St. Thomas. Sie entstand um 1140 und weist in ihrem Inneren wahre Schätze auf. Mitte der 70er-Jahre des vorigen Jahrhunderts wurden bei Renovierungsarbeiten romanische Wandmalereien freigelegt, Darstellungen, wie sie heute nur noch selten zu sehen sind, z.B. die Seelenwaage des Jüngsten Gerichts (Auskunft/Besichtigung Tel. 03 92 00/5 19 57).

Hinweis: Zwei Wege führen von hier weiter Richtung Magdeburg. 1. Die »alte« Strecke über Plötzky, Elbenau, Randau, auf Landstraßen und ausgeschildert als R 2a. 2. Die Hauptroute: Überwiegend als eigene Fahrradtrasse ohne Autoverkehr über Ranies, Grünewalde und Randau geführt. Wir folgen von der Kreuzung in Pretzien der Straße hinab nach Ranies. Schon von weitem können wir die beachtliche Hochwasserschutzanlage sehen, das Pretziener Wehr.

Immer wieder haben verheerende Hochwasser die Menschen und ihren Besitz in den Elbauen gefährdet, brachten Zerstörung und Verlust. Um im Bereich zwischen Schönebeck und Magdeburg die Gefahr zu mindern, wurde in Pretzien eine Hochwasserschutzanlage, das Pretziener Wehr erbaut. 1875 wurde es vollendet und erfüllt seine Funktion bis heute! Es hat eine Länge von 162,8 Metern, ist 7,5 Meter breit und 3,8 Meter hoch. 10 Pfeiler mit 9 Wehröffnungen (Joche) versperren mittels 423 Schützentafeln zu je 100 Kilogramm dem Wasser den Weg und verhindern das Abfließen des Wassers in die Niederungen. Oberhalb des Wehrs bei **Barby** gibt es einen Pegel. Übersteigt der Wasserstand die bestimmte Marke von 5,92 Meter, wird das Wehr geöffnet und das Wasser zielgerichtet in die Niederungen geleitet. Ein Drittel der Wassermassen werden im Umflutkanal um Schönebeck und Magdeburg geleitet, ehe es wieder der Elbe zugeführt wird. Ist das Hochwasser abgeflossen, wird das Wehr wieder geschlossen (Auskunft/Führungen bei STAU Schönebeck, Tel. 0 39 28/7 06 30).

Weiter geht es auf der Straße nach Ranies. Dort folgen wir dem Weg auf den Deich und radeln oben auf der Deichkrone auf Verbundsteinpflaster. Dies ist der »Planetenlehrpfad«, ein hochinteressanter Abschnitt des Elberadwegs. In den Dimensionen unseres Sonnensystems fahren wir von der Sonne aus von Planet zu Planet, jeweils mit Erläuterungen am Wegesrand. Es ist eine wirkliche Erfahrung, wie weit es allein mit dem Fahrrad z.B. vom Uranus zum Neptun ist.

Kurz vor Grünewalde müssen wir die stark befahrene Straße 246 a queren. Runter vom Rad und anhalten! Die Situation ist unübersichtlich. Auf der anderen Seite weiter auf dem Deich, bis er die Auffahrt auf die Elbbrücke hinüber nach Schönebeck kreuzt.

Wenn wir der 246 a links runter an die Elbe folgen, können wir bei extremem Niedrigwasser vom Ufer aus den »Hungerstein« aus der Elbe ragen sehen. Er trägt diesen Namen, da in früheren Zeiten die Schifferfamilien hungern mussten, wenn er sichtbar wurde. Dann ist das Wasser so flach, dass die Schifffahrt ruhen muss. Dies war aber zum Glück selten der Fall, zuletzt 1921, 1952 und 2003.

Wir radeln über die Brückenauffahrt geradeaus weiter auf dem Elberadweg, der uns gut ausgeschildert teilweise auf dem Deich, teilweise durch die Felder und Dörfer im Landschaftsschutzgebiet bis nach Magde-

Bei Extrem-Niedrigwasser zu sehen – der Hungerstein bei Schönebeck

Elberadweg vor Magdeburg

burg führt. An der Alten Elbe treffen wir mit dem R 2 a zusammen und fahren links nach Randau. In Randau an der T-Kreuzung links der Dorfstraße folgen, dann wieder links, am Bauernhof vorbei bis zum Deich und auf ihm rechts entlang. Jetzt geht es durch das NSG Kreuzhorst, das sich bis an den Rand von Magdeburg erstreckt. Von oben haben wir herrliche Ausblicke in die Auenlandschaft. Unter Pappeln radeln wir entlang bis Prester und folgen weiter dem Deichweg, bis dieser sich verzweigt. Rechts geht es auf den Elberadweg nach Madgeburg. Die schönere Strecke führt aber über die Brücke geradeaus, die die Alte Elbe, den Cracauer Wasserfall hinüber zum Stadtpark »Rotehorn« quert. Hinter der Brücke rechts und an der Alten Elbe entlang bis zur Straße. Hier rechts und an der Kreuzung Am Winterhafen wieder rechts, bis zur Anna-Ebert-Brücke. Wenn die Straße links abknickt, rechts auf dem Radweg geradeaus bleiben und unter der Brücke hindurch, danach gleich links und in einem Anstieg hinauf zur Hauptstraße. Über die Zollbrücke und die Strombrücke fahren wir auf der Ernst-Reuter-Allee hinein ins Zentrum von **Magdeburg**.

Die Landeshauptstadt von Sachsen-Anhalt hat ca. 250 000 Einwohner. Im Jahr 2005 feiert sie ihr 1200-jähriges Bestehen. In ihrer wechselvollen Vergangenheit hat die Elbestadt neben schweren Zerstörungen immer wieder Blütezeiten, die das heute sehr vielfältige Stadtbild prägen. Verbliebene architektonische Zeugen aller Stilepochen erinnern an die einstige Pracht und den Reichtum der ehemaligen Kaiserstadt.

805 findet Magdeburg im Diedenhofer Kapitular Karls des Großen seine erste Erwähnung. Die Lage des Ortes am Schnittpunkt von Fernhandels-

Moderne Flussquerung bei Magdeburg

straßen mit dem Wasserweg Elbe begünstigt das Entstehen einer Siedlung. 936 wird Otto I. in Aachen zum König gekrönt. Im Laufe seiner Regierungszeit hält er sich häufig in Magdeburg auf. 937 gründet er das Benediktinerkloster St. Mauritius als Familienkloster. Es erhält reichen Grundbesitz und Privilegien. Hierdurch wird Magdeburg zur neuen Metropole des deutschen Staates. Von hier aus gehen u.a. die Missionen im slawischen Nachbargebiet aus.

Die Chronik der Stadt Magdeburg ist sehr vielschichtig. Vom Sitz des ersten deutschen Kaisers Otto I. zur völligen Zerstörung der Stadt durch Tilly während des Dreißigjährigen Krieges, über den berühmten Bürgermeister und Erfinder Otto von Guericke bis zur Bombardierung im Zweiten Weltkrieg und dem folgenden Wiederaufbau hat Magdeburg einiges zu berichten. Trotz aller Verwüstungen dominieren weiterhin bedeutende Bauwerke das Stadtbild.

Bürgermeister und Erfinder: Otto von Guericke

Die größte Sehenswürdigkeit ist der **Magdeburger Dom**, das Wahrzeichen der Stadt. Es ist der älteste gotische Sakralbau auf deutschsprachigem Boden mit einer Höhe von 104 Metern. Von 1209 bis 1520 wurde die gewaltige dreischiffige Basilika errichtet. In ihrem Chor ist Otto I. beigesetzt. Bedeutend im Inneren sind die Sandsteinskulpturen aus dem 13. Jh., das Chorgestühl (14. Jh.) und das Mahnmal des Krieges von Ernst Barlach von 1929. Weitere Sehenswürdigkeiten der Stadt sind die Klosteranlage »Unserer Lieben Frauen« (nicht zuletzt wegen ihrer Schönheit wird Magdeburg als Perle der »Straße der Romanik« bezeichnet), ferner die Pfarrkirche St. Johannis, die spätgotische Hallenkirche St. Petri, der Alte Markt mit barockem Rathaus und Bürgerhäusern, die Denkmale von Martin Luther und Otto von Guericke (er erfand die Luftpumpe und wies mittels zweier zusammengefügter Halbkugeln, die zwei Pferde auseinander ziehen sollten, das Vakuum nach).

leicht

75 km

6 Std.

Von Magdeburg nach Tangermünde

Magdeburg – Hohenwarthe – Niegripp – Rogätz – Tangermünde

Von **Magdeburg** Zentrum (Hauptbahnhof) fahren wir auf der Ernst-Reuter-Allee über die Strom- und die Zollbrücke zurück zur Anna-Ebert-Brücke. Kurz vor ihr rollen wir rechts hinunter zum Stadtpark (Am Winterhafen) und dann sofort links unter ihr hindurch. Nach der Unterführung scharf rechts und nun am linken Ufer der Alten Elbe entlang (Oststraße) bis zur nächsten Querung, der Friedensbrücke (Bundesstraße B 1). Rechtsherum, unter der Brücke ans andere Ufer und hier zwischen Wasser und dem Gelände der Bundesgartenschau 1999 (rechts ist der Jahrtausend-Turm zu sehen) bis zur Eisenbahnbrücke.

Alternativ können wir auch über die Anna-Ebert-Brücke hinüberfahren und dahinter links auf den Elberadweg einbiegen, immer am Ufer der Alten Elbe entlang, unter der B 1 hindurch bis zur Eisenbahnbrücke.

Unter der Brücke hindurch, dann rechts an der Bahnlinie entlang bis zur Straßenkreuzung, hier links (Herrenkrugstraße) Richtung Herrenkrug, längs der Strecke zwischen Herrenkrugpark und Pferderennbahn, dann links halten auf dem Radweg zur Elbe. Immer in Flussnähe sind wir unterwegs, bis der Weg nach rechts abbiegt. Hinter der Ehlebrücke fahren wir links herum und parallel zum Wasser. Gleich hinter der nächsten Brücke biegen wir links ab, fahren am Weinberg vorbei (oben steht eine bezaubernde Bockwindmühle) in Richtung **Hohenwarthe**.

Wenn wir die Autobahn A 2 unterqueren, lohnt ein kurzer Stopp. Gleich rechts an der Brücke führen Stufen hinauf. Von der Brückenmitte blicken wir stromabwärts auf ein gewaltiges Bauwerk, das die Elbe überquert.

Tourencharakter: Flach, recht entlegene Strecken, viel Natur, Wasservögel, Weißstörche. Wenig Autoverkehr, Sandwege, Deiche, asphaltierte Straßen.
Kartenmaterial: ADFC Radtourenkarte Nr. 8, 1:150 000.
Camping: Rogätz: Camping Sportclub Rogätz, D-39326 Rogätz, Steinortstraße 40, Tel. 03 92 08/ 2 46 43 Bittkau: Family-Camp Kellerwiehl, D-39517 Bittkau (direkt am Elberadweg), Tel. 03 93 62/8 16 10, www.family-camp-kellerwiehl.de; Tangermünde: Ruderclub von 1906 e.V. (am Hafen), D-39590 Tangermünde.
Unterkunft: Buch: Privatpensionen im Dorfhotel/ Ferienwohnung/Schlafen im Heu: Informationen und Buchungsanfragen: Rezeption Dorfhotel Buch, im NABU-Zentrum (siehe unten), rezeption@elbetourist.de
Naturbund: Buch: NABU-Zentrum für Ökologie, Natur- und Umweltschutz, D-39517 Buch, Querstr. 22, Tel. 03 93 62/8 16 73 und 9 00 09, www.sachsen-anhalt.nabu.de, www.elbetourist.de
Tourist-Info: Burg: Bürgerbüro/Burg-Information, D-39288 Burg, Markt 1, Tel. 0 39 21/1 94 33, www.stadt-burg.de, BurgInfo@stadt-burg.de; Tangermünde: Tangermünder Tourismus-Büro, D-39590 Tangermünde, Kirchstraße 59, Tel. 03 93 22/2 23 93, www.tourismus-tangermuende.de, buero@tourismus-tangermuende.de, www.meinestadt.de/tangermuende/home, www.tangermuende.de

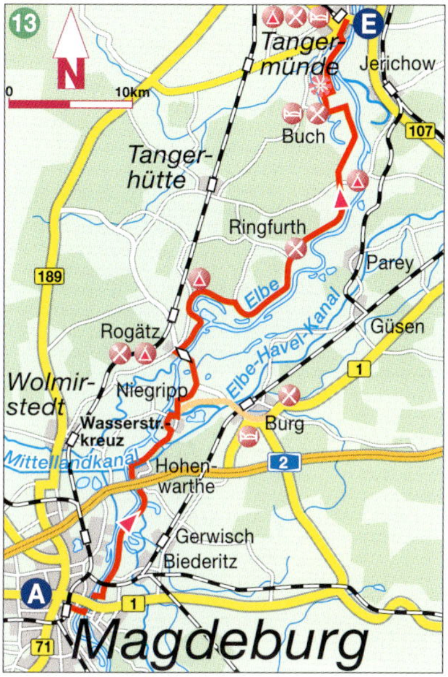

Es ist das größte Wasserstraßenkreuz Europas. In 2003 für den Schiffsverkehr eröffnet, wurde hier ein Superlativ errichtet: Das Verkehrsprojekt Deutsche Einheit Nr. 17 realisierte eine Ost-West-Wasserstraße zwischen dem Ruhrgebiet und Berlin. Heute verbindet ein Stahlbeton-Gigant den Mittellandkanal direkt mit dem Elbe-Havel-Kanal. Durch die ca. 900 Meter lange Trogbrücke wurde die Elbquerung auch für große, moderne Motorgüterschiffe möglich, unabhängig vom Magdeburger Hafen und dem Wasserstand der Elbe. Auch Schubverbände bis zu 185 Metern Länge können hier verkehren.

Unser Radweg führt direkt bis unter die Kanalbrücke. Durch deren Fertigstellung wurde der Radwegverlauf verändert. Auf jeden Fall unter der Brücke hindurch und danach rechts hinauf und immer dem Kanal geradeaus in Richtung Niegripp folgen. Rechts von uns taucht jetzt die neue Doppelsparschleuse Hohenwarthe auf, ein in seinen Dimensionen außergewöhnliches Bauwerk, in dem die Schiffe einen Höhenunterschied von gut 15 Metern überwinden. Ein Besuch des Informationszentrums und der Anlage kann zu einem interessanten Pausenstopp werden. Wir fahren weiter, überqueren die Schleuse **Niegripp**, durch den Ort, über den Altkanal. Hier können wir uns entscheiden, ob wir einen Ausflug rechts nach Burg machen wollen. Diese Stadt hat manche Sehenswürdigkeit zu bieten.

Größtes Wasserstraßenkreuz Europas

In den Elbtalauen

Burg hat Geschichte und das ist der kleinen Stadt anzusehen. Sie nennt sich selbst die Stadt der Türme: Berliner Torturm, die Kirche Unser Lieben Frauen, Freiheitsturm und Hexenturm zeugen von vergangenen Zeiten. Der Roland mit 5,60 Metern Höhe und 12 Tonnen Gewicht beeindruckt uns ebenso wie ein Besuch der historischen Gerberei mit Gerbervorführung.
Vom Altkanal rollen wir weiter der Ausschilderung folgend erst geradeaus, dann rechts am Deich entlang und auf der Straße wieder links durch große Überflutungsflächen nach Schartau.

Rechtselbisch: Die Strecke verläuft durch Schartau und weiter geradeaus, über Parchau nach Parey, überwiegend durchs Grüne. Ab Parey wird der Radweg von einer stärker befahrenen Straße begleitet über Derbem, Ferchland, Jerichow, ab hier parallel zur B 107 via Fischbeck bis zur Elbbrücke oberhalb von Tangermünde.
Sehenswert auf der Strecke: Kloster Jerichow. Gegründet 1144, ist es heute der älteste Backsteinbau Norddeutschlands.

Linkselbisch: Wir empfehlen linkselbisch zu radeln, dies ist eine autoarme Strecke durch Heide, vorbei an Seen und Altarmen der Elbe. Von einer Steilküste haben wir den Ausblick über den Fluss, in Buch können wir die Weißstörche bewundern, uns beim NABU über Fauna und Flora informieren und herrlich Pause machen. Am Schelldorfer See beobachten wir unzählige Wildgänse vom Aussichtsturm aus.
In Schartau biegt die Hauptroute links ab nach **Rogätz**. Mit der Fähre setzen wir über ans linke Ufer (Fährzeiten April–Okt. Mo–Fr 6–20 Uhr, Sa/So/Feiertag 8–20 Uhr); Info: Fährbetrieb Rogätz Marko Knuth (Fähre Rogätz–Schartau), D-39326 Rogätz, Tangermünder Straße 77, Tel. 03 92 08/2 34 32 und 01 79/5 42 78 27).
Wir haben jetzt die Altmark erreicht. Von der Fähre fahren wir einen kurzen Anstieg hinauf, folgen rechts herum der Straße und geradeaus dem

neu angelegten Radweg auf dem Deich Richtung Sandkrug. An der Straße Richtung Mahlwinkel rechts, nächste Möglichkeit gegenüber vom Badesee wieder rechts, an der Straße links und gleich wieder rechts. Hier fahren wir durch den Zibbericker Wald, rechts liegt die Alte Elbe. Es ist ein sandiger Abschnitt auf dem Elberadweg durch Kiefernwald und Heide, den wir jetzt befahren. Dafür gelangen wir autofrei bis nach Bertingen.

Tipp: Ist der Sand zu weich, können wir am Jugendheim links auf die asphaltierte Straße abbiegen und dieser bis zur Hauptstraße folgen. Hier rechts nach Bertingen.

Von hier bis nach Arneburg verlaufen jetzt Elberadweg und Altmark-Radrundkurs gemeinsam. In Bertingen halten wir uns rechts und fahren auf der Hauptstraße nach Kehnert, links durch den Ort, am Ortsausgang auf den begleitenden Radweg bis nach Sandfurth. Auf dem Weg dorthin gibt es mehrere Wege, die zur Elbe führen. Der Abstecher lohnt, denn wir befinden uns oberhalb des Flusses und haben daher vom Hang einen schönen Blick entlang der Ufer.

In **Sandfurth** steht rechter Hand ein großer Stein, das Schifferdenkmal, das den Verlauf der Elbe zeigt. Gut Informierte erkennen bald, dass der hier dargestellte Fluss interessanterweise in Hamburg endet. Wir fahren weiter durch den Ort, am Ende geradeaus in die Sackgasse, durch den Wald und in einem Linksbogen bis zur Straße. Hier rechts herum und auf dem Radweg nach Ringfurth. Weiter geradeaus bis nach Polte, hier rechts auf den Deich und auf ihm entlang bis Bittkau und weiter nach Grieben.

Hinweis: Am Ortsausgang können wir die schnelle Variante nutzen und an der Gabelung links auf dem Radweg entlang der Autostraße über Jerchel nach Buch fahren. Schöner ist auf jeden Fall die Strecke rechts, die über Schelldorf nach Buch durch Felder und Auen führt.

Buch ist von seiner Größe und Lage her eigentlich keiner Erwähnung wert. Und dennoch machen wir hier einen Stopp. Denn erstens gibt es hier leibhaftig eine Rolandsfigur zu bestaunen! Und zweitens befindet sich das

Die Elbe bei Rogätz

Kapitelturm von Tangermünde

NABU-Zentrum (Querstraße 2) im Ort, zwischen Ende April und August deutlich an den besetzten Storchennestern zu erkennen. Wenn wir etwas über die Elbtalauen erfahren wollen, sind wir hier absolut richtig.

Wenn wir Buch erreichen, biegen wir die erste Möglichkeit rechts ab. Nach einem knappen Kilometer führt ein Weg rechts in die Felder, hin zu einem Seitenarm der Elbe. Vom Deich und links vom Aussichtsturm am Schelldorfer See haben wir immer wieder beeindruckende Szenarien der Elbauen. Der tausendfache Ruf der Wasservögel erfüllt die Luft, die Landschaft mit ihrer Weite, den riesigen Schilffeldern und den Wasserflächen lassen uns die Zeit vergessen. Auf dem Deich radeln wir bis nach Tangermünde, kommen zum Hafen, biegen hier links ab, radeln über das Flüsschen Tanger, dort wo es in den Hafen mündet, und fahren auf der Stendaler Straße bis vor das Neustädter Tor (eines der schönsten und schmuckreichsten mittelalterlichen Stadttore Europas). Hier rechts hinein ins Zentrum.

Das bald 1000-jährige Tangermünde hat sein anmutiges Stadtbild bis in die heutige Zeit bewahrt. Auf einer Hochfläche über der Mündung des Tangers in die Elbe liegen die alte Burg und die vor etwa 800 Jahren in ihrem Schutze entstandene Stadt. Sie wird überragt von der St.-Stephans-Kirche mit ihrem 87 Meter hohen Nordturm, um die sich zahlreiche Türme und Bürgerhäuser scharen. Alles wird umschlossen von der Stadtmauer, deren Backsteinrot sich im Wasser des Flusses spiegelt. All das verleiht der Stadt einen einzigartigen Charme. Sie trägt so bezeichnende Titel wie »Perle der Altmark« und »Stadt der Backsteingotik«.

Mittelalter pur: Die Gassen von Tangermünde

Kaiser Rundfahrten
Mit diesen Rundfahrten können wir interessante Ausflüge auf der Elbe nach Magdeburg oder Havelberg erleben.
Info: Kaiser Rundfahrten, Roland Kaiser, D-39590 Tangermünde, Goethestr. 21, Tel. 03 93 22/36 54, http://members.aol.com/elbkaiser/

Backsteingotik: Die Stadtmauer Tangermünde

Tangermünde erlebte seine Blütezeit im 15. Jh. Prächtige Backsteinbauten wie das Rathaus und die Stadttore wurden errichtet, der Umbau der St.-Stephans-Kirche zur gotischen Hallenkirche wurde fortgesetzt. An diesen Bauten ist der einstige Wohlstand heute noch ersichtlich. Als Hansestadt hatte sie enge Beziehungen zu Hamburg. Der Anfang des 17. Jh. ist das Ende der blühenden Handelsstadt. Die Bürger mussten unter den Auswirkungen mehrerer Stadtbrände, des Dreißigjährigen Krieges und einer Pestepidemie schwer leiden. Der verheerende Stadtbrand von 1617 zerstörte zwei Drittel aller Gebäude. 1619 wurde Grete Minde, von der der Rat unter Folter das Schuldbekenntnis für diesen Stadtbrand erpresste, zum Tod auf dem Scheiterhaufen verurteilt.

Hinweis: Auf dem Bergfried kann man jetzt den Kapitelturm besteigen und 2003 ist dort das Schlosshotel eröffnet worden.

Tangermünde ist auch ein Ort der Anekdoten: So erzählt man sich hier die Geschichte vom »Kuhschwanzbier«. Mittelalterliche Stadt, da war Bierbrauen selbstverständlich. In Ermangelung einer eigenen Quelle entnahm man das dafür notwendige Wasser dem Tanger. Nun ist es keine Erfindung unserer Tage, allen Unrat ins Wasser zu entsorgen. Das bekam der Qualität des Bieres nicht, und so traf man folgendes Übereinkommen: Immer zwei Tage vor dem Bierbrauen durfte niemand mehr in den Tanger machen. Die Kühe wurden von den Wiesen getrieben, und so hatte man ein Reglement geschaffen, das so gut wie jedem Reinheitsgebot standhält.

leicht

52 km

4 Std.

Von Tangermünde nach Havelberg

Tangermünde – Arneburg – Havelberg

Vom Hühnerdorfer Torturm aus verlassen wir **Tangermünde** auf der K 36 in Richtung Arneburg. Unter der neuen Elbbrücke der B 188 hindurch, immer am Deich entlang, radeln wir bis Hämerten. Hier rechts in die Ortschaft hinein und dann geradeaus auf der asphaltierten Straße, durch die Bahnunterführung (ICE-Strecke Hannover–Berlin), bis Storckau (Schloss Storkau mit 5-Sterne-Hotel, Nebengebäuden und Biergarten ist einen Blick wert). Von hier rollen wir wieder entlang der K 36, bis wir Billberge erreichen. Nach rechts die Hauptstraße verlassen, hinein in den Ort, und weiter geradeaus. Wellenförmig verläuft unser Weg bis Arneburg. Achtung: z.T. kräftige Schlaglöcher und Rinnen!

Im Zentrum von **Arneburg** (am Marktplatz) links in die Breite Straße, nächste Kreuzung rechts (Bahnhofstraße), der Straße folgend (links halten), über die Bahnlinie, radeln wir entlang der L 16 über Groß Ellingen nach Hohenberg-Krusemark. Im Ort fahren wir erst rechts weiter auf der L 16 Richtung Hindenburg. Dann biegen wir rechts in den Ortsteil Hohenberg ab. Hier auf die Ausschilderung achten! Wir verlassen den Ort rechts über die Parkstraße und folgen dann dem Radweg neben der Straße bis Schwarzholz. Jetzt wird der Radweg häufig als eigene, gepflasterte Trasse

Elbschnittlauch – blüht im Mai und Juni

Tourencharakter: Elberadweg linkselbisch gemeinsam mit dem Altmark-Radrundkurs, durch traumhafte Auenlandschaft und kleine Dörfer mit z. T. mächtigen Backsteinkirchen. Flach, auf 4,5 km leicht hügelig. Asphaltierte Straßen, gepflasterte und befestigte Radwege, kaum Autoverkehr.
Kartenmaterial: ADFC Radtourenkarte Nr. 8, 1:150 000.
Camping: Hassel: Campingplatz Wischer, D-39596 Hassel, Tel. 0 93 21/22 49. Der Platz liegt etwa 5 km ab vom Elberadweg, den man bei Billberge verlassen muss. Es ist aber einer der ganz wenigen Campingplätze auf der Strecke und verfügt über ein schönes Waldbad.
Unterkunft: Havelberg: Havelberger Insel-Touristik GmbH & Co. KG, D-39539 Havelberg, Spülinsel 6, Tel. 03 93 87/2 06 55, www.campinginsel-havelberg.de, info@campinginsel-havelberg.de
Tourist-Info: Havelberg: Tourist-Information, D-39539 Havelberg, Uferstraße 1, Tel. 03 93 87/7 90 91 oder 1 94 33, touristinformation-havelberg@t-online.de, www.havelberg.de

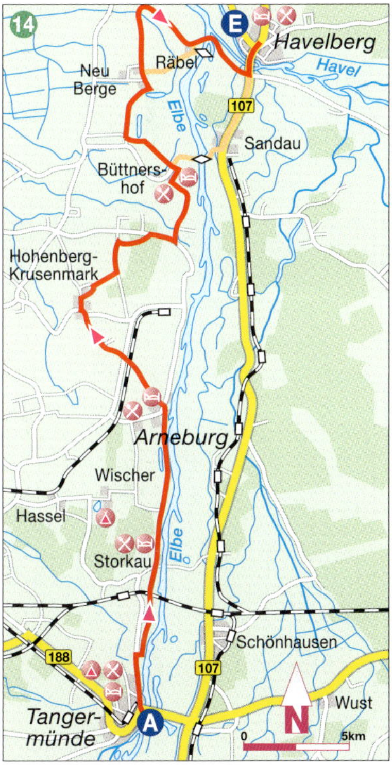

geführt, der sich bis Berge mühelos folgen lässt. In Schwarzholz rechts durch die Siedlung Tannhäuser, bis Schwarzholz-Kirche, am Ende des Radwegs links zum Rittergut. Der Name klingt viel versprechend, nur leider ist davon nichts mehr zu sehen. Wenn wir an die Straße von Altenzaun nach Rosenhof treffen, sehen wir unter dem Baum gegenüber den Gedenkstein, der an die Schlacht unter General York von Wartenberg gegen Napoleons Truppen erinnert. Hier links zum Rosenhof. Am Dorf vorbei folgen wir immer dem Radweg, der links abbiegt, dann erhebt sich rechter Hand eine backsteinerne Kirchenruine, die letzte Zeugin eines früheren Dorfes. Der alte Turm ist zugängig und ein Aufstieg wird durch einen weiten Rundumblick belohnt.

Weiter geht die Fahrt bis Büttnershof. Direkt am Radweg befindet sich in traumhafter Lage das restaurierte Gutshaus mit Parkanlage, Restaurant und Hotel.

Kürzer nach Havelberg über Sandau (Fährzeiten täglich 5.30–21 Uhr).

Nach dem Hof erst rechts, dann gleich wieder links die L 9 queren, dem Weg geradeaus folgen, bald begleitet ihn links ein Radweg, nächste T-Kreuzung links, nochmals T-Kreuzung links, zwischen den Elb-Altwässern durch, auf den Deich, an Kannenberg vorbei, weiter bis Berge. Das Naturschutzgebiet zwischen Kannenberg und Berge bildet mit den alten Elbarmen eine der schönsten Regionen am Fluss. Weite Wasserflächen und unzählige Vogelarten machen die Fahrt zu einem Erlebnis.

Abendromantik auf der Elbe

Offiziell verläuft der Elberadweg von Berge auf der Straße nach Werben, einem durchaus sehenswerten Städtchen. Dort biegt man scharf rechts ab und radelt auf der L 2 nach Räbel. Wollen wir eine Abkürzung nutzen, so biegen wir kurz hinter Berge rechts in einen unbefestigten Feldweg ein, (später links halten), der bei gutem Wetter ordentlich zu befahren ist und uns etwa 7 Kilometer Wegstrecke und jeglichen Autoverkehr erspart. In Räbel dann rechts, über den Deich und hinunter zur Fähre Werben/Räbel (Fährzeiten Mo–Fr 5.30–21.30 Uhr, Sa/So/Feiertag 7–20 Uhr). Vom rechten Ufer sind es nur noch knapp 4 Kilometer bis zur B 107. Hier links (Achtung, es gibt keinen Radweg) über die Havel und hinein nach Havelberg.

Havelberg liegt nahe der Mündung der Havel in die Elbe. Erbaut auf einer Insel, dominiert hoch erhoben der Dom St. Marien die Szene, ein wuchtiges Backsteingebäude. Er ist das Wahrzeichen und gleichzeitig der kulturelle Mittelpunkt der Stadt. Von Mönchen Mitte des 12. Jh. erbaut, ist er eine Mischung aus gotischen und romanischen Stilelementen, resultierend aus Zerstörung und Wiederaufbau in unterschiedlichen Epochen. Auch hier umweht uns ein Hauch von Mittelalter. Geschichtsinteressierte werden den historischen Stadtrundgang wählen, der Traditionen und mittelalterliche Besonderheiten wieder aufleben lässt, wenn man z. B. Rathaus, Stadtkirche, St.-Annen-Kapelle oder die Altstadtplätze und ihre Geschichte in Augenschein nimmt.

Von Havelberg nach Schnackenburg

Havelberg – Rühstädt – Wittenberge – Wahrenberg – Schnackenburg

leicht

66 km

5 Std.

Hinweis: In 2002 haben die Fluten Bauarbeiten in den Elbniederungen an den Deichen notwendig gemacht. In 2004 waren diese noch nicht abgeschlossen. So wurde zwischen Havelberg und Quitzöbel eine Umleitung entlang der L 3 ausgeschildert (Havelberg über Toppel – Dahlen – Nitzow – Quitzöbel), die man übrigens immer fahren kann.
Schöner ist natürlich der Weg zwischen Elbe und Havel (Fertigstellung voraussichtlich Juni 2006). Von der Havelbrücke fahren wir die Genthiner

Entspanntes Dahinrollen auf modernen Plattenwegen

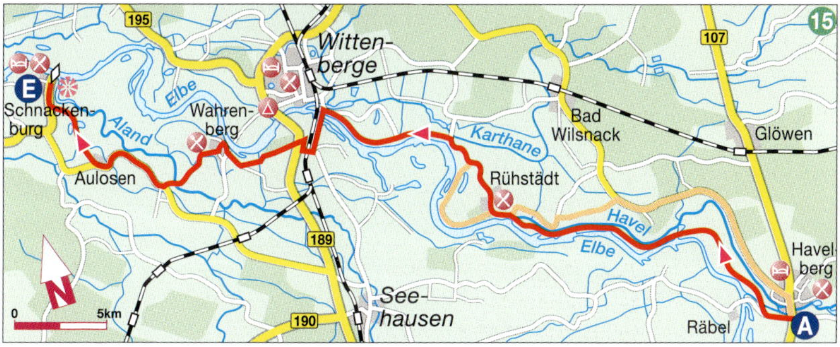

Straße (B 107) zurück in Richtung Sandau und gleich hinter der Brücke rechts in die Elbstraße. Nach ca. 1,5 Kilometern geht es rechts ab zur Mülldeponie und zum Schleusenkanal. Wir fahren über die Schleusenanlage und danach links parallel zum Deich. Wir befinden uns auf einer Insel zwischen Havel und Elbe und folgen dem Weg, bis er scharf links abknickt und kurze Zeit später rechts auf den Deich hinaufführt. So erreichen wir Neuwerben und kurze Zeit später das Havelwehr. Dahinter fahren wir links und begleiten eine wichtige Hochwasserschutzanlage, den Gnevsdorfer Vorfluter – rechts die kanalisierte Havel, links die Elbe.

Immer oben auf dem Deich, haben wir eine fantastische Aussicht in die Auenlandschaft. Auf halbem Wege nach Gnevsdorf überqueren wir die Landesgrenze zu Brandenburg. Dann erreichen wir das obere Sperrwerk, überqueren den Vorfluter, biegen danach links ab, folgen erst dem Deich und dann der Straße nach Rühstädt.

Weißstörche – Sommerzierde der Elbtalauen

Rühstädt nennt sich »Europäisches Storchendorf«. Eigentlich ist dies ein Dorf wie andere Dörfer auch, doch nirgendwo gibt es so viele Weißstörche auf einem Haufen wie hier. 1996 hat Rühstädt den Titel geholt, als

»Storchentafeln« in Rühstädt

hier 44 Paare genistet und 73 Jungstörche großgezogen haben. Teilweise haben wir den Eindruck, es gäbe hier mehr Störche als Einwohner. Jeweils am letzten Wochenende im Juli ist die Ortsdurchfahrt gesperrt – auch für Radler. Dann sind alle nur noch mit ihrem Storchenfest beschäftigt. Am Ortseingang aus Richtung Gnevsdorf rechts befindet sich das Storcheninfozentrum, wo wir mittels Videokamera in ein Nest hineinschauen können.

Von Rühstädt fahren wir auf der Straße weiter nach Bälow, nach weiteren 2 Kilometern auf der Hauptstraße geht es links nach Hinzdorf. Im Ort links halten, erst auf Kopfsteinpflaster, später auf Sandpiste, dann rauf auf den Deich, mit Blick nach links auf Auen und Elbe. Bei Garsedow treffen wir wieder auf die Straße, der wir bis zur Eisenbahnbrücke bei Wittenberge folgen.

Hinweis: Wer nach **Wittenberge** hinein oder seine Reise rechtselbisch fortsetzen möchte, folgt der alten Kopfsteinpflasterstraße bis zur Bad

Tourencharakter: Auf ebener Strecke erleben wir Havel und Elbe ganz nah und erreichen das »Paradies« der Weißstörche. Wir queren die ehemalige deutsch-deutsche Grenze, heute Lebensraum für Otter, Biber und Milane. Asphaltierte, gepflasterte und befestigte Radwege, Feldwege, Deiche und wenig befahrene Landstraßen

Kartenmaterial: ADFC Radtourenkarte Nr. 8, 1:150 000.

Unterkunft: Wittenberge: Sportboothafen Nedwiganger, Restaurant Zum Fährmann, D-19322 Wittenberge, Elbstraße 65, Tel. 0 38 77/7 51 25.

Naturpark: Naturparkverwaltung Brandenburger Elbtalaue, D-19322 Rühstädt, Neuhausstraße 9, Tel. 03 87 91/98 00.

Tourist-Info: Storchenclub Rühstädt e.V., D-19322 Rühstädt, Am Schloss 5, Tel. 03 87 91/67 03, www.storchenclub.de, info@storchenclub.de

Eisenbahnbrücke bei Wittenberge

Wilsnacker Straße (rechts befinden sich die gewaltigen Gebäudekomplexe der ehemaligen Nähmaschinenwerke Veritas, früher Singer) und fährt dann links unter der Unterführung durch hinein ins Zentrum.

Rechtselbisch: Fahren wir hier, so radeln wir ab Wittenberge vor allem auf und am Deich entlang, vorbei an Lenzen, bis kurz vor Dömitz, hier der B 195 bis in die Stadt folgen.

Linkselbisch: Wir nutzen die Eisenbahnbrücke, um an das linke Elbufer zu gelangen. Von der Brücke blicken wir auf einen Fluss, der beachtlich an Volumen zugenommen hat. Imposant präsentiert sich vor uns das Elbtal mit seiner ganzen Breite. Wieder von der Brücke herunter, radeln wir entlang der Gleise bis Eickerhöfe und hier rechts auf die Brücke über die Bahngleise bis zur Bundesstraße B 189, dort rechts und sofort die nächste Straße wieder links bis nach Wahrenberg.

Wahrenberg kann zwar nicht direkt mit Rühstädt konkurrieren, ist aber immerhin der storchenreichste Ort in Sachsen-Anhalt. Sehenswerte Fachwerkhäuser kennzeichnen dieses so genannte Haufendorf mit seinen Dreiseitenhöfen. Die Warften (Landerhöhungen) wurden zum Schutz vor Elbhochwasser erbaut.

Wir werden gut beschildert durch Wahrenberg geleitet. Wer es etwas kürzer haben möchte, der fährt einfach geradeaus über die Kreuzung in den Ort hinein, dann links, rechts und wieder links. Auf guter Straße werden wir bis zum Deich geführt, den wir überfahren. Eine Bank lädt am Flüsschen Aland zum Pausemachen ein. Dann radeln wir über die Brücke, auf den nächsten Deich hinauf und auf gepflastertem Radweg an Pollitz vorbei, bis zur Hauptstraße, der wir rechts herum nach Wanzer folgen. Am

Ortseingang werden wir wieder rechts auf den Deich geführt und am Ortsende weiter rechts auf der Landstraße nach Aulosen. Kurz hinter dem Ort fahren wir rechts. Nach etwa 2 Kilometern beschreibt der Weg einen Linksbogen. Links vom Weg, direkt an einem herrlichen Badesee gelegen, besichtigen wir eine Art Gedenkstätte. Hier hat man Originalteile der ehemaligen DDR-Grenzanlagen wieder aufgebaut, wo sich früher einmal das Dorf Stresow befand, das diesen Absperrungen weichen musste. Kurz danach steht rechts ein Aussichtsturm des NABU, der uns einen wunderbaren Blick in die Auenlandschaft ermöglicht. Tafeln informieren uns über die regionalen Besonderheiten und die hier beheimatete Tierwelt.

Weiter fahren wir rechts auf den Deich, der sich durch die Landschaft schlängelt. Von oben haben wir noch einmal einen grandiosen Rundumblick auf die Aland, die sich bis nach Schnackenburg durch den Hafen in die Elbe schlängelt. Sind wir aufmerksam und nicht zu laut, können wir zahlreiche Tiere beobachten, vor allem den zahlreich hier vorkommenden Rotmilan (Gabelweihe), den man sehr gut an seinem gespaltenen Schwanz erkennen kann. Kurz vor der B 493 überfahren wir die Grenze zu Niedersachsen. An der Bundesstraße fahren wir rechts und folgen ihr bis hinein in das mit seinen Fachwerkhäusern idyllisch wirkende Schnackenburg.

Wenn wir uns rechts halten, gelangen wir in den kleinen Hafen von **Schnackenburg**. An dessen Ende, elbnah errichtet, steht ein hölzerner Aussichtsturm. Von ihm haben wir einen grandiosen Blick über die Stadt, die Mündung der Aland und die Elblandschaft. Weit blicken wir flussauf und flussab ins Land und sehen, wie die Fähre zum anderen Elbufer übersetzt (Fähre Lütkenwisch/Schnackenburg: Fährzeiten Mo–Fr 5.45–21 Uhr, Sa/So/Feiertag 8–21 Uhr).

Mittlerweile Vergangenheit: Ehemalige DDR Grenzanlagen

leicht

61 km

4,5 Std.

Von Schnackenburg nach Hitzacker

Schnackenburg – Gartow – Gorleben – Hitzacker

Weiter geht es für uns flussabwärts, auf der kleinen Straße (Alter Postweg) von **Schnackenburg** nach Holtorf. An der T-Kreuzung rechts in Richtung Gartow, bis zur B 493, hier rechts bis in den Ort.

In **Gartow** schwenkt die B 493 nach links weg. Wir halten uns rechts Richtung Gorleben. Nach kurzer Zeit kommt rechter Hand ein Radweg auf dem Deich, parallel zum Gartower See. Ein unbefestigter Fuß- und Radweg geht an dessen westlichem Ende rechts weg und folgt seinem Ufer bis zur Straße (L 258). Hier fahren wir links bis nach Restorf und folgen rechts der Straße weiter über Pevestorf in Richtung Lenzen. Dort kann man per Fähre ans rechte Elbufer wechseln (Fähre Lenzen–Pevestorf: Fährzeiten Mo–Fr 6–21 Uhr, Sa/So/Feiertag 8–21 Uhr).

Tourencharakter: Auf ruhigen Wegen, häufig auf oder neben dem Deich, asphaltierte, gepflasterte, selten unbefestigte Strecken. Herrliche Badeseen und schmucke Dörfer mit ihren Fachwerkhöfen mit Reetdach laden zum Verweilen ein.
Kartenmaterial: ADFC Radtourenkarten Nr. 8, Nr. 7, 1:150 000.
Camping: Gartow: Campingplatz Laascher See, D-29471 Gartow, OT Laasche 13, Tel. 0 58 46/3 42 (liegt etwas abseits); Campingplatz Gartow, D-29471 Gartow, Am Helk, Tel. 0 58 46/82 50.
Unterkunft: Hitzacker: Jugendherberge, D-29465 Hitzacker, Wolfsschlucht 2, Tel. 0 58 62/2 44.
Tourist-Info: Hitzacker: Kurverwaltung, Touristinformation, D-29456 Hitzacker (Elbe), Weinbergsweg 2, Tel. 0 58 62/9 69 70, www.hitzacker.de, gaesteinfo@hitzacker.de

Nach etwa 1,5 Kilometern die Straße nach rechts verlassen. Steil führt der sandige Weg durch den Wald hinauf zum Höhbeck. Hier muss geschoben werden.

Der Aussichtsturm ermöglicht einen Blick über Elbe und die Lenzener Wischen (Wischen ist ein niederdeutsches Wort für Wiesen). Nur leider sind die umstehenden Bäume höher als der Turm. Unser Weg führt jetzt rechts auf dem unbefestigten Forstweg weiter, wieder bergab, bis zur Asphaltstraße, hier rechts bis nach Vietze.

Hinweis: Wer sich diesen wirklich steilen und mühsamen Aufstieg zum Höhbeck ersparen möchte, der fährt in Restorf einfach geradeaus auf der K 28 über Brünkendorf nach Vietze.

Wir folgen der K 28 durch den Ort Richtung Gorleben. Kurz hinter der Seege-Brücke, nachdem der begleitende Radweg zu Ende ist, rechts in die kleine Straße abbiegen, rechts und wieder links. Im Dorf Meetschow wieder rechts und links, schließlich an der nächsten Abzweigung rechts und diesem Weg bis nach Gorleben folgen.

Hof im Wendland

Das gelbe X – Symbol für den Widerstand gegen das atomare Endlager in Gorleben

Mittlerweile haben wir das Wendland erreicht, was unschwer an den zahlreichen gelben Kreuzen in X-Form zu erkennen ist. Es ist das Zeichen für den Widerstand gegen das atomare Endlager in Gorleben. Wenn neue Castor-Transporte eintreffen, ist der Landkreis Lüchow-Dannenberg immer wieder in den Schlagzeilen.

In **Gorleben** treffen wir wieder auf die L 256 nach Dannenberg. Ihr folgen wir mal links, mal rechts über Laase nach Grippel. Hier fahren wir rechts ab auf die K 27 nach Langendorf. Im Dorf biegen wir vor der Kirche rechts ab, nach ca. 400 Metern wieder rechts, kurz danach links auf die kleine Straße, die uns nach Brandleben führt. Hier rechts und wieder links, auf den befestigten Deich. Von hier schauen wir rechts hinüber nach Dömitz mit seiner mächtigen Festung.

Hinweis: Vor uns taucht jetzt die B 191 auf. Wenn wir hier zur Bundesstraße hinauffahren, können wir über die Spannbrücke hinüber ans rechte Elbufer gelangen, nach Mecklenburg-Vorpommern.

Wir unterqueren die B 191 und radeln erst auf dem Deich über Damnatz, Barnitz und Landsatz, dann auf der K 13 über Jasebeck bis Strachauer Rad.

Hier geht es rechts ab und schließlich an der K 36 über Wussegel nach Hitzacker. Vor der Jeetzel-Brücke queren wir die K 36 und radeln auf der Marschtorstraße direkt hinein ins historische Zentrum von Hitzacker, das sich auf einer vom Flüsschen Jeetzel umflossenen Insel kurz vor der Elbmündung befindet.

Wenn wir **Hitzacker** sagen, so denken wir an Fachwerkhäuser, Kopfsteinpflaster, an ein weitgehend erhaltenes historisches Stadtbild, steile Hänge, auch einen Weinberg, der doch immerhin in guten Jahren so an die 250 Flaschen Ertrag einbringt. Und wir denken an den kleinen Hafen an der Jeetzelmündung in die Elbe. 1258 bereits erhielt der Ort die Stadtrechte. Seit 1260 bestimmte ein einträglicher Elbzoll die wirtschaftliche Entwicklung des Fischer- und Schifferortes. Eine Pestepidemie, Brandkatastrophen und die Auswirkungen des Dreißig- und des Siebenjährigen Krieges hemmten die Entwicklung Hitzackers und sein von Schifffahrt, Bierbrauerei und dem Kornhandel nach Hamburg geprägtes Wirtschaftsleben. Industrie gibt es im weiten Umkreis keine. Hitzacker ist heute ein etablierter Kurort mit einer herrlichen Umgebung.

Alte Fachwerkkunst in Hitzacker

Elblandschaft bei Hitzacker

leicht

55 km

4,5 Std.

VON HITZACKER NACH LAUENBURG

Hitzacker – Bleckede – Lauenburg

Selbstverständlich können wir ab **Hitzacker** weiter linkselbisch fahren. Aber nicht alles, was möglich ist, muss man auch unbedingt tun. Es gibt gute Gründe für einen Wechsel an das rechte Elbufer. Denn wer nun glaubt, von hier bis nach Cuxhaven sei es nur noch flach, der irrt. Die eiszeitlichen Gletscher haben deutlich ihre Spuren hinterlassen. Bis auf über 100 Meter erheben sich die Sandberge mit Steigungen von mehr als 10%. Und wirklich grandiose Ausblicke haben wir von dort oben nicht, da der Radweg mitten durch den Wald führt. Bei dem einzigen Blick hinüber auf die andere Elbseite sehen wir, wie die anderen dort entspannt im Flachen dahinradeln. Die linksseitige Strecke ist eher etwa für ambitionierte Mountainbiker.

Also fahren wir an das rechte Elbufer. Die Fähre Hitzacker–Bitter trägt uns hinüber (Fährzeiten täglich 1. Mai–Mitte Oktober). Von der Fähre geht es bis zum Deich, dem wir links folgen. Nach ca. 1 Kilometer rechts vom Deich weg, durch Bitter und auf der Straße Richtung Kaarßen radeln. Nach gut 1 Kilometer links auf die Asphaltstraße nach Rassau abbiegen. In der Nähe lädt uns die eiszeitliche Stixer Wanderdüne zu einem Stopp ein. In Rassau links halten, dann fahren wir immer geradeaus. Nach einem weiten Rechtsbogen noch ein Stück geradeaus und wir erreichen die Höfe von Groß Banratz. Danach links auf die gepflasterte Straße bis Groß Kühren, am Ortsende rechts halten und auf der Asphaltstraße nach Darchau radeln.

Altarme der Elbe – ein Paradies für Tiere

Tourencharakter: Rechts- wie auch linkselbisch häufig flach am oder auf dem Deich geführt, asphaltierte Landstraßen führen uns entspannt von Ort zu Ort (linkselbisch zwischen Hitzacker und Neu Darchau z.T. sehr steil, durch Wald auf sandige Strecke).
Kartenmaterial: ADFC Radtourenkarte Nr. 7, 1:150 000.
Camping: Walmsburg: Elbtalcamping Mutter Grün, D-21354 Walmsburg, Bruchdorfer Straße 30, Tel. 0 58 53/3 10; Alt Garge: ADAC-Campingplatz Alt Garge, D-21354 Alt Garge, Am Waldbad 23, Tel. 0 58 54/3 11; Neu Wendischthun: Radlerherberge und Zeltplatz, D-19273 Neu Wendischthun, Neu Bleckeder Straße 6, Tel. 03 88 44/2 18 40; Radegast: Camping Hein & Hein Elbufer Camp, D-21354 Radegast, Am Deich 9 a, Tel. 0 58 57/5 55.
Unterkunft: Lauenburg: Jugendherberge, D-21481 Lauenburg, Am Sportplatz 7, Tel. 0 41 53/25 98.
Tourist-Info: Lauenburg: Tourist-Information DeOpenDoor, D-21481 Lauenburg/Elbe, Elbstraße 91, Tel. 0 41 53/52 02 67, www.lauenburg-elbe.de, www.lauenburg-tourismus.de, DeOpenDoor@t-online.de

Hinweis: Zwei Möglichkeiten für die Weiterfahrt tun sich auf. Entweder wir bleiben am rechten Elbufer und radeln über Konau, Neu Garge und Stiepelse bis Bleckede. Oder wir setzen in Darchau mit der Fähre über und fahren linksseitig (Fähre Darchau–Neu Darchau: Fährzeiten Mo–Sa 5.30–21 Uhr, So und Feiertag 9–21 Uhr).
Wir entscheiden uns für linkselbisch, setzen mit der Fähre über, folgen der L 232 in Richtung Dahlenburg, biegen dann auf die L 231 rechts ab und radeln auf dem begleitenden Radweg über Katemin nach Walmsburg. Hier rechts halten Richtung Alt Garge.
Nach etwa 2 Kilometern rechts ab und runter zur Elbe. Ein wundervoller Blick auf den Fluss und herrlicher Sandstrand laden zum Pausemachen ein. In Alt Garge fahren wir über die Schienen, treffen auf die Hauptstraße, fahren hier geradeaus und die nächste Möglichkeit rechts, wieder über die Bahngleise. An der T-Kreuzung rechts, am Ortsende dann links und wieder rechts dem Weg zwischen Bauernsee und Elbe immer

am Deich entlang folgen. Wir können Bleckede am Deich entlang umfahren, sollten jedoch einen Blick in diese malerische Stadt an der deutschen Fachwerkstraße werfen.

Am Radweg ist das Elbschloss Bleckede ausgeschildert. Nicht nur vom Äußeren her ist dieses Gebäude einen Besuch wert. Hier ist das Informationszentrum des Biosphärenreservats Niedersächsische Elbtalaue untergebracht. Hinter diesem eher fachlich klingenden Namen verbirgt sich eine absolut erlebnisorientierte Ausstellung, die uns in die Geheimnisse des Zusammenwirkens von Fluss, Landschaft, Pflanzen, Tieren und Menschen entführt. In ansprechender, kompakter Weise werden wir mit der Elbe und ihren Bewohnern vertraut gemacht (geöffnet Di–So 10–18 Uhr; www.elbschloss-bleckede.de). Im schönen Schlossinnenhof können wir uns im Café stärken.

Hinweis: In **Bleckede** besteht die Möglichkeit, mit der Fähre ans rechte Elbufer überzusetzen (Fähre Bleckede–Neu Bleckede: Fährzeiten täglich im Sommer 5–23 Uhr, sonst 5–20 Uhr). Dort können wir über Gülze, Bahlen und Gothmann nach Boizenburg und weiter nach Lauenburg fahren. Die Strecke folgt über mehrere Kilometer der B 195 und ab Boizenburg der rege befahrenen B 5.

Linkselbisch fahren wir ab **Elbschloss Bleckede** bis zum Deich, davor links und an ihm entlang bis zur K 27, der wir rechts folgen. Nach gut 1,5 Kilometern geht es rechts ab in Richtung Heisterbusch. Immer links am Deich entlang geht unsere Fahrt. Von der Elbe ist so nicht viel zu sehen. Auf dem geschwungenen Weg durch das Naturschutzgebiet empfiehlt es sich daher, immer mal wieder anzuhalten, auf den Deich zu steigen und von hier den Ausblick zu genießen. Vor uns liegen alte Elbarme wie Seen, später der mit der Elbe verbundene Radegaster Haken. Wir schauen den riesigen Vogelschwärmen zu. Wildgänse, Möwen, Schwäne, Enten, Haubentaucher, Graureiher und viele mehr können wir in Ruhe und Abgeschiedenheit beobachten. Auch der Feldhase kommt uns bis auf wenige Schritte nahe. Ein Stopp zieht den nächsten nach sich, ein Naturparadies folgt dem anderen. Kurz vor Radegast treffen wir direkt an die Elbe, dann verlässt unser Radweg am Deich im rechten Winkel wieder den Fluss.

Raddampfer

Der »Kaiser Wilhelm« von 1900 ist weltweit einer der letzten kohlebefeuerten Fahrgast-Raddampfer im weithin original erhaltenen Zustand. Er verkehrt von Ende Mai bis Anfang Oktober 14-tägig an den Wochenenden. Die Fahrten führen von Lauenburg aus nach Bleckede, Hitzacker oder Hoopte (Tel. 0 41 53/52 02 67).

Elbschloss Bleckede

Weiter geht es am und auf dem Deich entlang vorbei an Brackede, Barförde und Sassendorf bis Hohnstorf, wo wir die B 209 unterqueren. Kurz danach haben wir den uneingeschränkten Blick auf das rechte Elbufer. Dort drüben liegt das alte malerische Schifferstädtchen Lauenburg.
Lauenburg liegt an einem alten Handelsweg. Die Geschichte des Lauenburger Landes ist eng mit dem Namen Heinrich des Löwen verbunden. Er förderte die Saline, gründete das heutige Lübeck, schuf die Voraussetzungen für den Bau des Ratzeburger Doms und leitete die Besiedlung Ostdeutschlands ein. 1182 wurde hier eine Feste erbaut. 1417 wurde den Lauenburgern das Privileg verliehen, dass nur sie die Waren, die von Lübeck aus auf dem Kanal kamen, auf der Elbe und nach Hamburg weiterbefördern durften.
Hinweis: Wir können **Lauenburg** mit dem Blick eines Schiffers erleben und Ausflüge auf der Elbe oder dem Elbe-Lübeck-Kanal auf historischen Fahrzeugen unternehmen (Prahm, Elbfähre, Barkasse). Der Verein Historische Reederei Lauenburg-Boizenburg e.V. lädt ein. Kontakt über die Tourist-Information, www.historische-reederei.de, info@historische-reederei.de

leicht

61 km

5 Std.

Von Lauenburg nach Hamburg

Lauenburg – Geesthacht – Hoopte – Fähre Zollenspieker – Kirchwerder – Hamburg

Hinweis: Mit der B 209 haben wir die Gelegenheit, die Elbe nach **Lauenburg** zu überqueren und danach links auf der Elbstraße und entlang der Uferpromenade dem Fluss zu folgen. Unterhalb von Schnakenbeck über Sandkrug geht es nach Tesperhude und nun auf dem die Straße begleitenden Radweg, vorbei am Atomkraftwerk Krümmel, bis nach Geesthacht

Die linkselbische Variante hat »sichtbare« Vorteile. Hier fahren wir überwiegend auf dem Deich, haben das Licht meist von der Seite und blicken auf den unterschiedlich hohen rechten Uferverlauf. Geest, das bedeutet Hinterlassenschaften der eiszeitlichen Gletscher, die gewaltige Sand- und Geröllmassen bewegt und hier abgelagert haben.

Tourencharakter: Bis Hoopte linkselbisch überwiegend auf dem Deich, dann rechtselbisch auf dem ehemaligen Marschbahndamm flach durch die Vier- und Marschlande von Hamburg. So gut wie autofrei erreichen wir schließlich immer am Deich entlang die imposante Hafenstadt.
Kartenmaterial: ADFC Radtourenkarten Nr. 7, Nr. 6, 1:150 000.
Camping: Hamburg: Campingplätze im Hamburger Stadtgebiet liegen im Norden, im Stadtteil Stellingen, nahe der Autobahn A 7.
Unterkunft: Hamburg: Jugendherberge Auf dem Stintfang, D-20459 Hamburg, Alfred-Wegener-Weg 5, Tel. 0 40/31 34 88; Jugendherberge Horner Rennbahn, D-22111 Hamburg, Rennbahnstraße 100, Tel. 0 40/6 51 16 71.
Tourist-Info: Hamburg: Hamburg-Tourismus GmbH, D-20095 Hamburg, Steinstr. 7, Tel. 0 40/30 05 13 00, www.hamburg-tourism.de, info@hamburg-tourism.de; Tourist-Information im Hauptbahnhof, Wandelhalle/Ausgang Kirchenallee, Tel. 0 40/30 05 12 01; Tourist-Information am Hafen, bei den St.-Pauli-Landungsbrücken zwischen Brücke 4 und 5, Tel. 0 40/30 05 12 03.

Altes Schifferstädtchen Lauenburg

Wir lösen uns vom Lauenburger Panorama und radeln weiter auf dem Deich, links unter der B 209 hindurch, danach rechts, über den Elbeseitenkanal, nächste Straße wieder rechts, bis nach Artlenburg. Unser Weg führt ganz an die Elbe heran, folgt einem Linksbogen bis an die L 217, läuft ein kurzes Stück parallel, immer dem Deich folgend. Ab Avendorf fahren wir oben auf dem Deich bis nach Tespe. Hier treffen wir wieder auf die Elbuferstraße (L 217), folgen ihr ein Stück, um am Ortsende wieder rechts auf den Deich zu fahren. An Ober- und Niedermarschacht vorbei fahren wir bis zur B 404.

Der Radweg unterquert die Bundesstraße. Aber bevor wir linkselbisch unseren Weg fortsetzen, fahren wir auf die Brücke. Kurz davor führt ein gepflasterter Weg hinauf. Oben verläuft ein recht schmaler Radweg zwischen Leitplanken entlang der stark befahrenen Straße. Dies soll uns nicht abschrecken. Ein für die Elbe wichtiger Einschnitt erwartet uns. Beim Elbkilometer 1002,6 ist – zum ersten und einzigen Mal auf deutschem Gebiet – die Elbe aufgestaut.

Das Elbe-Sperrwerk bei **Geesthacht** ist eine imposante Schleusenanlage. Das große Wehr und die beiden Schleusenkammern dienen dem Höhenausgleich und der Wasserregulierung. Bis zu dem nur noch etwa 40 Kilometer entfernten Hamburg ist die Elbe von der Nordsee her tideabhängig.

Schleuse Geesthacht

Apfelplantagen im »Alten Land«

Für die immer größer werdenden Containerschiffe muss die Elbe eine ausreichende Tiefe aufweisen. Somit bildet die Staustufe Geesthacht ein wichtiges Regulierungselement. Bevor wir auf der zweiten Elbbrücke die Schleusenanlagen erreichen, sehen wir am linken Ufer einen wild rauschenden Bach. Er wurde angelegt, um es den Lachsen und Aalen wieder zu ermöglichen, die Elbe flussaufwärts zu ihren angestammten Laichplätzen zu wandern. Ein erfolgreiches Projekt, sind die Fische doch u.a. in den Flüssen der Sächsischen Schweiz wieder angekommen.

Hinweis: Die Elbbrücke bei Geesthacht ermöglicht uns auch den Wechsel an das rechte Ufer. Dort unterqueren wir die B 404 nach links und folgen dem Radweg. Nach der nächsten Kreuzung links auf den Altengammer Marschbahndamm fahren und diesem durch die Vier- und Marschlande folgen (Abstecher: Am Neuengammer Hausdeich rechts nach Neuengamme zur KZ-Gedenkstätte (siehe auch Hinweis Seite 123).

Wir drehen auf der Schleusenbrücke von Geesthacht um und begeben uns zurück auf die Elbuferstraße. Nach rechts unterqueren wir die B 404, fahren danach rechts auf den asphaltierten Weg und folgen dem Deich linkselbisch über Drage bis nach **Hoopte**. Hier erreichen wir die einzige private Elbfähre auf Hamburger Gebiet. Sie setzt uns über zum traditionsreichen **Zollenspieker**. Diese Elbquerung hat Geschichte. Sie liegt an der alten

Straße von Lüneburg nach Lübeck und ist Deutschlands älteste Elbfährstelle. Sie besteht nachweislich seit 1252 und ist heute wie damals in Familienbesitz (Fährzeiten 1.3.–30.11. Mo–Fr 6–20 Uhr, Sa/So/Feiertag 8.30–20 Uhr).

Vom Fähranleger fahren wir hoch zur Straße. Hier begrüßen uns die rote Hamburg-Flagge und das gelbe Ortsschild, auf dem schlicht zu lesen ist: Hamburg. Außerdem werden wir auf unserem Weg durch die Stadt ab hier immer wieder von interessanten Informationstafeln begleitet – Anhalten und Lesen lohnt sich! Wir überqueren den Zollenspieker Hauptdeich, und biegen gleich die nächste Möglichkeit links in den Kirchwerder Elbdeich ein, um dann der zweiten Straße nach rechts Auf dem Sülzbrack zu folgen. Den Süderquerweg links und gleich wieder rechts überqueren und diesem Weg auf den Marschbahndamm folgen. Hier treffen rechts- und linkselbische Wegführung zusammen. Hier links halten und dann immer auf dem Damm (Rad- und Wanderweg) geradeaus radeln.

Hinweis: Folgen wir vom Zollenspieker dem Kirchenheerweg Richtung Norden und weiter auf dem Heinrich-Stubbe-Weg, biegen dann rechts in den Kiebitzdeich und schließlich links in den Jean-Dolidier-Weg, so gelangen wir an dessen Ende zur **Gedenkstätte Neuengamme**. Zwar ist von den Gebäuden des einst berüchtigten KZs nichts mehr zu sehen, aber die Namenstafeln der Opfer und die Ausstellung im Dokumentenhaus sind mehr als beeindruckend.

Auf dem Marschbahndamm rollen wir über Fünfhausen hinaus immer geradeaus. Wir sind in Hamburg und doch ist hier von der Millionenmetropole nichts zu spüren. Zuerst die Fachwerkhäuser an den Deichen, dann die reetgedeckten Marschenhöfe, und jetzt weite Natur- und Kulturlandschaft. Wir radeln durch einen der schönsten Teile von Hamburg! Der Rad- und Wanderweg überquert den Oortkatenweg, verläuft weiter über viele Kilometer, geht in die Graumannstwiete über, quert den Ochsenwerder Kirchendeich, leitet uns durch das ausgedehnte Gebiet der Kleingärten, bis wir den Tatenberger Deich erreichen. Dort links zum Tatenberger Weg, rechts über die Brücke Tatenberger Schleuse. Hier rollen wir über die Dove Elbe. Dieser Name hat nichts mit doof zu tun, sondern kommt aus dem Plattdeutschen und bedeutet so viel wie taub. Es ist ein Nebenarm der Elbe, der irgendwann im Nichts endet.

Hinter der Schleuse gleich links in den Moorfleeter Hauptdeich, unter der Autobahn hinduch, weiter auf dem Kaltehofe Hauptdeich. Jetzt trifft Natur auf Technik. Groß erhebt sich rechter Hand das Kraftwerk Tiefstack hinter den alten Brunnenanlagen. Wir kommen hinein in die Großstadt.

Nach dem Sperrwerk Billwerder Bucht biegen wir links in den Ausschläger Elbdeich. Jetzt heißt es die Augen offen halten für die Wegführung. Zwar kann sich Hamburg rühmen, eine der am besten ausgeschilderten Städte am Elberadweg zu sein. Aber was tun, wenn mal ein Schild fehlt? Daher hier in Stichworten: Ausschläger Elbdeich, links Entenwerder, durch den Elbpark, über die neue Fußgänger- und Radfahrerbrücke. Geradeaus bis Billwerder Neuer Deich, links und gleich wieder rechts Billhorner Mühlenweg, links Billhorner Röhrendamm, unter der Autostraße hindurch, hinauf zur Billhorner Brückenstraße (B 75).

Fahren wir jetzt ein kleines Stück auf die Brücke, eröffnet sich uns ein grandioser Blick auf den Freihafen und die Kulisse der Stadt. Die grünen Kupferdächer der Kirchen und Geschäftshäuser leuchten zu uns herüber.

Weiter geht es linksseitig auf dem Radweg, unter der Bahn hindurch, links in die Amsinckstraße (B 4), vor dem Mittelkanal links Lippeltstraße, rechts Banksstraße, bis zu den Deichtorhallen. Halblinks von dieser Riesenkreuzung geht es auf dem Elberadweg via Ost-West-Straße entlang der Speicherstadt zum Hafen, rechts über den Klosterwall zum Hauptbahnhof und weiter zur Binnen- und Außenalster.

Die knapp 2 Millionen EinwohnerInnen zählende Stadt ist die Metropole der Region. Bestimmt wird Hamburg von der Elbe, dem Hafen und dem weltweiten Handel. Nicht nur die Elbe, sondern auch die Alster bestimmt das Bild. Viele Kanäle und Fleete durchziehen die Stadt, die über 2000 Brücken aufweist, was Hamburg den Namen »Venedig des Nordens« eingebracht hat.

Hamburg liegt 120 Kilometer

Speicherstadt
Zwischen Deichtorhallen und Baumwall liegt im Freihafen die 100-jährige Speicherstadt, der weltgrößte zusammenhängende Lagerhauskomplex. Dort erwartet uns eine Idylle, die wir kaum in einem Welthafen vermuten: wilhelminische Backsteingotik der Gründerzeit, verspielte Giebel und Türmchen, die sich mit den Schuten in den Fleeten spiegeln. Hinter den dicken Mauern lagern wohltemperiert hochwertige Güter: Kaffee, Tee, Kakao, Gewürze, Tabak, Computer und das größte Orientteppichlager der Welt.

vor der Elbmündung. Immerhin schon 400 Meter Breite hat der Fluss hier angenommen. Als 811 in dem Mündungsbereich zwischen Bille und Alster eine Burganlage (Hammaburg) errichtet und ab 831 unter St. Ansgar von hier die Missionierung der nordelbischen Sachsen betrieben wurde, hatte bestimmt niemand die Vorstellung des Bildes, das sich uns heute hier eröffnet.

An den **Landungsbrücken** stehen wir und blicken auf die beeindruckende Hafenkulisse. Hamburg, das bedeutet Hafen seit über 800 Jahren. Es ist flächenmäßig der größte Hafen der Welt, mit einem stetig wachsenden Containerumschlag. Hier wird hier die größte Warenmenge in Europa umgeschlagen. Der Hafen ist das Tor zu den Märkten in Nord-, Mittel- und Osteuropa sowie der wichtigste Überseehafen für Skandinavien und Mittel-/Osteuropa für Containerverkehr. Die Abfertigungsterminals sorgen mit einer

Mehr Zimmer als der Buckingham-Palast: das Hamburger Rathaus

Umschlagleistung von über 2500 Standardcontainern (TEU) in weniger als 24 Stunden dafür, dass sie den Hafen binnen eines Tages verlassen können. Über 36 Millionen Tonnen Massengut werden im Hamburger Hafen umgeschlagen: Öl, Kohle, Erze, Getreide, Ölsaaten, Futtermittel, Düngemittel und vieles andere. Hamburg ist einer der bedeutendsten Papierumschlagplätze Europas, der größte Handelsplatz für Pharma-Rohstoffe und das größte Teppichhandels- und -lagerzentrum der Welt befindet sich im Hamburger Freihafen, um nur einige Superlative zu nennen. Und nicht zu vergessen: Hamburg ist der größte Importhafen für Kaffee und einer der führenden Gewürzumschlagplätze der Welt. Für Rohkakao ist Hamburg der Transithafen Nummer eins in Europa.

Die 700 Meter lange schwimmende Anlegestelle »Landungsbrücken« ist Hamburgs Wasserbahnhof. Hier starten die Hafenrundfahrten, von hier fahren die Hafenfähren und die HADAG-Dampfer nach Finkenwerder, Övelgönne und Blankenese. Der Turm an der Ostseite zeigt neben der Zeit auch den Wasserstand an und schlägt alle halbe Stunde die Schiffsglocke an.

Der markante quadratische Kuppelbau am Westende beherbergt die Maschinerie für die vier großen Fahrkörbe des **Alten Elbtunnels**, die Menschen und Fahrzeuge seit 1911 in fast 24 Meter Tiefe transportieren. Die Besichtigung des Tunnels ist ohnehin ein Muss! Also laufen wir die Treppen hinunter, gehen durch die Doppelröhre hinüber zur anderen Seite, nehmen den Fahrstuhl nach oben, verlassen die Tunnelkuppel geradeaus und suchen die nächste Möglichkeit links und wieder links. Dort finden wir eine Aussichtsplattform, die uns den grandiosen Blick auf die gesamte Hafen- und Stadtkulisse mit ihren Kirchtürmen gewährt. Für Fußgänger ist der Tunnel immer geöffnet, für Autos ist die Durchfahrt Montag bis Freitag von 5.30 bis 20 Uhr möglich.

Der Zweite Weltkrieg und seine Folgen haben von dem mittelalterlichen Hamburg nicht viel übrig gelassen. Ganz in der Nähe des Michels gibt es noch ein verstecktes, sehenswertes Kleinod, die **Kramer Amtsstuben.** Sie sind das letzte erhaltene Beispiel für eine ehemals typisch hamburgische Wohnhofanlage aus dem 17. Jh. (geöffnet Di–So 10–17 Uhr, Krayenkamp 10).

Der große See im Herzen der grünen Hansestadt, die Außenalster, ist ein Paradies für Segler, Ruderer oder Paddler. Stolze 160 Hektar groß und übrigens maximal nur 2,50 Meter tief ist dieser künstliche See – schon ab dem 13. Jh. aufgestaut aus dem klei-

Info HVV (Hamburger Verkehrsverbund)
Fahrradmitnahme kostenfrei (Mo–Fr 9–16 und ab 18 Uhr, Sa/So/Feiertag ganztägig) in allen U- und S-Bahnen und auf zahlreichen Buslinien (nicht Innenstadt). Zum HVV gehören auch zahlreiche Hafenfähren (HADAG).
Empfehlenswert, weil preisgünstig und gültig für beliebig viele Fahrten:
Einzelperson – 9-Uhr-Einzel-Tageskarte
Ab 2 Personen – 9-Uhr-Familien-Tageskarte
Hamburg-Card – 3-Tage-Karte/Touristenkarte
Infos und Fahrplanauskunft: www.hvv.de oder HVV-Servicebüro am Hamburger Hauptbahnhof.

Tipp

St. Michaelis – der Michel

Der Michel, das allüberragende Wahrzeichen Hamburgs, ist natürlich auch von der Elbe aus zu sehen – er begrüßt die ankommenden Schiffe. Von oben bietet sich uns ein super Ausblick über den Hafen und die gesamte Stadt. Der Aufstieg ist mehr als lohnenswert! Die Plattform ist über 453 Stufen oder mit dem Fahrstuhl zu erreichen. Der Michel hat die größte Turmuhr Deutschlands. Die Zifferblätter haben einen Umfang von mehr als 24 Meter. Täglich um 10 und 21 Uhr findet das Turmblasen statt (geöffnet Mai–Okt. Mo–Sa 9–18 Uhr, So 11.30–17.30 Uhr, Nov.–April Mo–Sa 10–16.30 Uhr, So 11.30–16.30 Uhr).

nen Flüsschen **Alster** und seinen noch kleineren Zuflüssen. Am schönsten und bequemsten lässt sich die Alster bei einer Alsterrundfahrt mit dem Alsterdampfschiff erkunden!

Die Kennedybrücke und die Lombardsbrücke zwischen dem Atlantic Hotel und dem Dammtor-Bahnhof trennen die Alster in die Außen- und die Binnenalster. Die mächtigen Bauten am Ballindamm und am Jungfernstieg bilden eine imposante Kulisse. Links dahinter ragt das Hamburger Rathaus heraus, rechts davor laden die Alsterarkaden zu einem Stopp ein. Linker Hand liegt der Hauptbahnhof, von dem aus sich bis zum Rathaus und rechts zum Gänsemarkt die Hamburger Shoppingmeile zieht.

Hamburg ist extrem vielseitig und entdeckenswert. Gerade auf dem Fahrradsattel nimmt uns diese grüne Stadt gefangen. Immer wieder erspähen wir neue Sichtweisen. Und wenn das Wetter einmal nicht mitspielt, dann sorgen die zahlreichen Museen und Ausstellungen für reichlich Abwechselung.

leicht

35 km

3 Std.

VON HAMBURG NACH STADE

Hamburg – Hamburg-Blankenese – Wedel/Schulau – Lühe – Stade

Es fällt uns schwer, dem prächtigen **Hamburg** Auf Wiedersehen zu sagen. An den Landungsbrücken starten wir westwärts in Richtung **Blankenese**. Häufig ist das Verlassen einer Großstadt mit dem Fahrrad aufgrund der großen Straßen und des dichten Verkehrs eher unerfreulich. Nicht so jedoch in Hamburg. Nahe zum Wasser verläuft unser Weg und eröffnet immer wieder grandiose Ausblicke.

Wir fahren nach Westen, auf der St.-Pauli-Hafenstraße, dann St.-Pauli-Fischmarkt, biegen links in die Große Elbstraße ein, hier der berühmte Hamburger Fischmarkt mit der alten Fischauktionshalle links, über Kopfsteinpflaster immer geradeaus, zwischen den Gebäuden der Fischgroßhandlungen hindurch, danach links halten und Neumühlen folgen bis zum Övelgönner Museumshafen. Historische Wasserfahrzeuge werden hier vom Museumsverein liebevoll in fahrtüchtigem Zustand erhalten.

Am Ende des Wendekreises geradeaus oberhalb des Strandes, dann rechts leicht bergan. Ab hier ist auf einer Länge von etwa 3 Kilometern Radfahren nicht erlaubt. Es ist die einzig wirkliche Schiebestrecke auf dem Elberadweg, denn der Weg ist schmal und die Kellner der kleinen Restaurants und Cafés müssen ihn häufig zur Elbterrasse überqueren. Am Ende von **Övelgönne** geht es wieder links zum Elbufer hinunter. Hier liegt der »Alte Schwede« am Strand, ein riesiger Stein, tonnenschwer, eine Hinterlassenschaft der Eiszeit-Gletscher. Bei Grabungsarbeiten für die vierte Elbtunnelröhre wurde er gefunden und hier ans Elbufer gebettet. Weiter auf dem Weg Hans-Leip-Ufer radeln wir bis Teufelsbrück.

Wohnort für Betuchte: Hamburg-Blankenese

Hinweis: Mit der HADAG-Fähre können wir nach Finkenwerder übersetzen, was jedoch auf Grund des dort starken Autoverkehrs, der regen Bautätigkeit bei Airbus und an der A 26 nicht zu empfehlen ist.

Weiter radeln wir direkt am Fluss, auf dem Elbuferweg, immer links den Strand und das Wasser, bis **Blankenese** (auf Hochdeutsch: weiße Nase). Dieser Hamburger Stadtteil ist nicht nur für seine z.T. betuchten Bewohner bekannt, sondern vor allem als ehemaliges Kapitäns-, Lotsen- und Fischerdorf berühmt. Nette reetgedeckte Häuschen und prachtvolle Villen kleben am Berghang. Steile, verwundene Treppen führen hinauf und hinab. Kreuz und quer kann man Stunden unterwegs sein und immer neue Dinge entdecken. Ergreifend ist der Blick von der Spitze des Süllbergs, auf das gegenüber liegende Airbus-Werksgelände, den Fluss in beide Richtungen und den großen Hafen der Stadt.

Hinweis: Hier verkehrt die HADAG-Fähre Blankenese–Cranz. Cranz liegt direkt gegenüber am anderen Elbufer und von dort können wir durchs Alte Land nach Stade fahren. Das Alte Land ist der Obstgarten und ein beliebtes

Tourencharakter: Flache, meist am Fluss entlangführende Strecke, rechtselbisch bis Schulau fast ohne Autoverkehr, dafür in Övelgönne ca. 3 km Schiebestrecke! Überwiegend asphaltiert.
Kartenmaterial: ADFC Radtourenkarte Nr. 6, 1:150 000.
Camping: Grünendeich: Campingplatz Lühesand, mit Fährboot übersetzen (zwischen 8 und 20 Uhr mind. stündlich), D-21720 Grünendeich, Tel. 0 41 42/27 75, http://luehesand.de/Insel.htm, Info@luehesand.de
Unterkunft: Stade: Jugendherberge, D-21682 Stade, Kehdinger Mühren 11, Tel. 0 41 41/4 63 68.
Sehenswertes: Övelgönne: Museumshafen Övelgönne e.V, D-22605 Hamburg, Anleger Neumühlen, Tel. 0 40/39 73 83, www.museumshafen-oevelgoenne.de; Wedel: Schulauer Fährhaus, D-22880 Wedel, Parnaßstraße 29, Tel. 0 41 03/9 20 00, www.schulauer-faehrhaus.de, info@schulauer-faehrhaus.de
Fährverbindung: Fähre Glückstadt–Wischhafen (Fährzeiten Mo–Sa 5.15–23.15 Uhr, So und Feiertag 6.45–23.15 Uhr, Abfahrt alle 30 Min., Fahrdauer ca. 25 Min.), Elbfähre Glückstadt-Wischhafen GmbH & Co. KG, D-25348 Glückstadt, Am Fleth 49, Tel. 0 41 24/24 30, www.elbefaehre.de
Tourist-Info: Glückstadt: Tourist-Information, D-25348 Glückstadt, Große Nübelstraße 31, Tel. 0 41 24/93 75 85, www.glueckstadt.de; Stade: Tourist-Information am Hafen, Hansestraße 16, 21682 Stade, Tel. 0 41 41/40 91 70, www.stade.de, stade.tourismus-gmbh@stade.de

Weltweit einzigartig: Willkomm Höft in Schulau

Ausflugsziel der Hamburger, vor allem im Frühjahr, wenn die Kirsch-, Apfel- und Birnbäume blühen. Dazwischen liegen die prächtigen reetgedeckten Höfe mit zum Teil kunstvollen Torpforten.

Allerdings müssen wir vom Anleger diverse Treppenstufen nach oben überwinden, und wer noch nie bei der weltweit einzigartigen Schiffsbegrüßungsanlage in **Schulau bei Wedel** war, der sollte unbedingt rechtselbisch bleiben und erst dort nach Lühe ins Alte Land übersetzen.

Linkselbisch führt der Weg bis Hinterbrack zwischen Elbe und Deich, dann entlang der Straße über Kohlenhusen nach Borstel, hier links nach Jork. Das Zentrum von Jork ist beeindruckend durch die vielen Fachwerkhäuser, die so typisch sind für die Niederelberegion. In Jork rechts nach Guderhandviertel, über Mittelnkirchen und Steinkirchen bis zum **Lühe-Sperrwerk**.

Von Blankenese fahren wir weiter auf dem Strandweg, dann auf dem Falkensteiner Ufer. Rechts von uns steigt weiterhin der Elbhang steil an.

Wollen wir dort hinauf, haben wir bis zu 15% Steigung zu überwinden.

Hinter dem Campingplatz Blankenese links halten, Wittenbergener Weg, Rissener Ufer, Elbhöhenweg, bis zum Kraftwerk Wedel. Hier rechts auf dem Grenzweg, links in den Tinsdaler Weg, übernächste Straße links in den Galgenberg, geradeaus auf der Elbstraße, links über Parnaßstraße und Parnaßweg zum **Schulauer Fährhaus**.

Willkomm-Höft ist einen Besuch und einen längeren Aufenthalt wert. Weltweit einzigartig, heißt diese Schiffsbegrüßungsanlage jeden Pott über 500 BRT beim Einlaufen in den Hamburger Hafen willkommen. Seit 1952 gibt es diese Einrichtung mit der großen Lautsprecheranlage des Schulauer Fährhauses am Anleger. Der Dienst habende Kapitän nutzt dafür das Nationalhymnenarchiv mit 284 Kassetten. Erst die Begrüßungsfanfare, dann die betreffende Nationalhymne und ein Begrüßungstext auf Deutsch und in der jeweiligen Landessprache würdigen den Besucher. Ein Flaggengruß durch »Dippen« der Hamburgfahne ergänzt die Zeremonie. Etwa 50 bis 60 Mal am Tag wird dies so absolviert. Die Gäste des Schulauer Fährhauses erfahren zudem interessante Details: den Namen des Schiffes, seinen Heimathafen, wie groß es ist, woher es kommt, was es geladen hat usw.

Hinweis: Es ist auch möglich, mit einer Hafenfähre (HADAG-Schiff) von Hamburg nach Wedel-Schulau zu fahren und dabei die eindrucksvolle Uferkulisse an sich vorbeiziehen zu lassen.

Hinweis: Schulau-Lühe ist bis zu dem ca. 65 Kilometer entfernten Glückstadt die vorerst letzte Chance, die Elbe zu überqueren. Wer am rechten Elbufer bleiben möchte, fährt auf dem Strandweg weiter bis zur Deichstraße, hier links, rechts in die Straße Zum Lüthsandsdamm und nun immer am Deich entlang.

Rechtselbisch bis Glückstadt: Man folgt immer der Deichlinie bis zur Pinnau. Hier gibt es ein Sperrwerk, das nur zu bestimmten Zeiten passiert werden kann (Mai–Sept. Sa/So/Feiertag 9–13 Uhr und 14–18 Uhr, Mo–Mi stündl. 8.45–15.45 Uhr, Do stündl. 8.45–13.45 Uhr, Fr stündl. 8.45–12.45 Uhr). Ist hier der Weg versperrt, geht es vorher rechts ab nach Klevendeich, über die Brücke nach Neuendeich, links an der Pinnau entlang, über Esch, Seestermühle, bis zur Krückau (Sperrwerk, geöffnet Mai–Sept. Sa/So/Feiertag 9–13 Uhr und 14–18 Uhr, Mo–Mi 9.15–15.15 Uhr, Do 9.15–14.15 Uhr, Fr 9.15–12.15 Uhr). Ansonsten zur Fähre Seestaudeich–Kronsnest (Fährzeiten Mai–Okt. Sa/So/Feiertag 9–18 Uhr). Ansonsten bis Elmshorn und zurück entlang der Krückau. Über Kollmar nach Glückstadt.

1617 wurde **Glückstadt** von dem Dänenkönig Christian IV. gegründet und nach dem Ideal der italienischen Renaissance angelegt. Heute ist Glückstadt bekannt für seine kulinarischen Spezialitäten wie den Glückstädter Matjes und seine kulturellen Events wie KulturMärz, Schleswig-Holstein-Musikfestival oder Matjeswochen.

Von Glückstadt kann man die Reise an den Nordostseekanal und bis Brunsbüttel fortsetzen, was wir jedoch auf Grund der unsicheren Fährverbindung nach Cuxhaven (zurzeit 2 Mal pro Woche) nicht empfehlen.

Linkselbisch: Wir setzen von Schulau mit der Fähre nach **Lühe** ins **Alte Land** über (Fährzeiten Mo–Fr 6.40/7.40/8.40/11.00/13.00/15.00/16.30/17.30/18.30 Uhr, Sa/So/Feiertag 10.45/12.45/14.45/16.45/18.00 Uhr – Fährdienst wasserstandsabhängig! Aktuelle Fährzeiten unter www.luehe-schulau-faehre.de, Tel. 0 41 42/90 11 01). Vom Lühe-Sperrwerk rechts unterhalb des Deichs, immer dem Ufer folgen.

In **Bassenfleth** gibt es einen herrlichen Sandstrand. Bei Sonnenschein fühlen wir uns im feinen Elbsand wie in der Südsee, und haben dabei den Blick auf die dicken Pötte, die majestätisch an uns vorbeiziehen. Nun geht es über den Deich und entlang der Straße. Nach ca. 1 Kilometer an der Kreuzung in Melau links abbiegen, nach 150 Metern rechts, an der Vorfahrtsstraße links, über die Schienen und links unter der Straßenbrücke hindurch.

Elbstrand bei Stade

Stade: Schwingehafen inmitten der Altstadt

Hinweis: Wer **Stade** nicht anfahren möchte, fährt hier hinauf zum begleitenden Radweg entlang der L 111 in Richtung Drochtersen/Wischhafen und erspart sich so den etwa 7 Kilometer langen Weg in die Stadt und wieder heraus.

Das über 1000-jährige **Stade** liegt an der Schwinge, einem kleinen Elbezufluss. Einst war Stade die bedeutendste Hansestadt der Region, viel wichtiger als Hamburg. Die wunderschön restaurierte, lebendige Altstadt lädt uns zu einem Rundgang ein, wo wir so eindrucksvolle Gebäude sehen wie das Zeughaus, das Rathaus, die Kirche St. Cosmas und Damian, den Schwedenspeicher und den Holzkran am alten Schwingehafen.

Die Ausschilderung des Elberadwegs führt um die Stader Altstadt herum. Wir folgen der Straße Am Schwingedeich, fahren über die Altländer Straße, auf der Salztorscontrescarpe am Schwingeufer entlang, dann rechts am Ufer bleiben, durch den Park bis zum Bahnhof. Danach rechts in die Bahnhofstraße, über die Schwingebrücke und geradeaus direkt ins Zentrum (Fußgängerzone).

Hinweis: Von März bis Oktober fährt im täglichen Pendeldienst die Schnellfähre »Elbe-City-Jet«. Fahrkarten und Infos erhält man in der Tourist-Information am Hafen, die zugleich auch den Zubringerbus zum Anleger Stadersand und den HVV-Großbereich einschließen (Fährzeiten 2005: ab Stade tägl. 8.45/11.15/13.45/17.15 Uhr, So 6 Uhr statt 8.45 Uhr; ab Hamburg tägl. 10/12.30/14.50/18.20 Uhr – www.elbe-city-jet.de).

leicht

84 km

6,5 Std.

VON STADE NACH CUXHAVEN/ELBMÜNDUNG

Stade – Krautsand – Wischhafen – Freiburg – Neuhaus/Oste – Otterndorf – Cuxhaven – Elbmündung

Vom Bahnhof setzen wir unsere Fahrt fort, rechts in die Bahnhofstraße, gleich nach der Schwingebrücke links in die Neuburgstraße, links auf der Insel sehen wir die schönen Bauten des Freilichtmuseums. Unter der Autobrücke hindurch, durch den Park, links halten, über die kleine Brücke, durch den Helmut-Ernst-Miericke-Weg bis zur Glückstädter Straße, hier rechts, links in die Flensburger Straße, nächste rechts (Stader Schneeweg), bis zu den letzten Häusern, links in den Feldweg, bis zur Hauptstraße (L 111) nach Wischhafen. Ihr ein kurzes Stück bis Götzdorf folgen, an der Kreuzung dann rechts, nächste Möglichkeit links und weiter bis Bützfleth.

Die Elbe – Verbindung zur weiten Welt

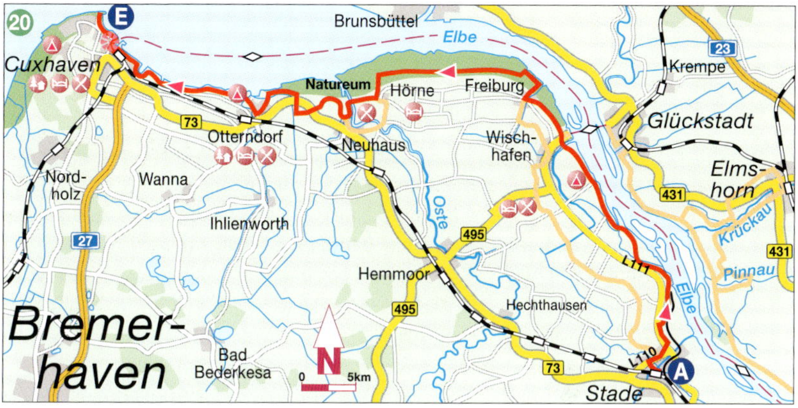

Tourencharakter: Flach am oder auf dem Deich entlang, asphaltierte Radwege und Landstraßen. Durch Naturschutzgebiete in der Marsch, wo die Zugvögel rasten.
Kartenmaterial: ADFC Radtourenkarte Nr. 6, 1:150 000.
Camping: Drochtersen: Campingplatz Krautsand, D-21708 Drochtersen, Leuchtturmweg 5 A, Tel. 0 41 43/55 22; Otterndorf: Campingplatz See Achtern Diek, D-21762 Otterndorf, Deichstraße 14, Tel. 0 47 51/29 33. Es gibt diverse Campingplätze in und um Cuxhaven.
Übernachtung: Drochtersen: Campingverein Krautsand e.V., D-21708 Drochtersen, Krautsand 24 B, Tel. 0 41 43/14 94; Otterndorf: Jugendherberge Otterndorf, D-21762 Otterndorf, Schleusenstraße 147, Tel. 0 47 51/31 65; Cuxhaven: Jugendherberge Cuxhaven-Duhnen, D-27476 Cuxhaven, Schlensenweg 1, Tel. 0 47 21/4 85 52.
Sehenswertes: Balje: Natureum Niederelbe, D-21730 Balje, Neuenhof 8, Tel. 0 47 53/ 84 21 31 (geöffnet Di–So 10–17 Uhr), www.natureum-niederelbe.de, info@natureum-niederelbe.de
Tourist-Info: Otterndorf: Nordseebad Otterndorf, Historisches Rathaus, D-21762 Otterndorf, Rathausplatz 1, Tel. 0 47 51/91 91 31, www.otterndorf.de, touristik@otterndorf.de; Cuxhaven: Nordseeheilbad Cuxhaven GmbH, D-27476 Cuxhaven, Cuxhavener Straße 92, Tel. 0 47 21/40 40, www.cuxhaven.de, info@tourismus.cuxhaven.de

Hier treffen wir wieder auf die Hauptstraße, folgen ihr kurz rechts und biegen nach ca. 250 Metern rechts ab und fahren ab hier immer am Deich entlang, vorbei an Abbenfleth. Kurz danach passieren wir die **Festung Grauerort**, fahren vorbei an Wethe und Assel bis nach Krautsand.
In Krautsand verzweigt sich der Elberadweg. Wir sind jetzt in eine maritime Region gelangt, mit allen damit verbundenen Aufgabenstellungen. Krautsand selbst ist eine Insel. An ihrer Nordspitze mündet die Wischhafener Süderelbe in die Elbe. Das Sperrwerk Kehdingen reguliert den Wasserstand. Es ist von Mai bis September an Wochenenden und Feiertagen stundenweise passierbar (10–12 und 17–19 Uhr). Geradeaus entlang dem Deich folgen wir also nur zu gegebenen Zeiten.
Andernfalls fahren wir links nach Dornbusch, dort an der T-Kreuzung links, gleich wieder rechts. Wir queren die L 111, fahren fast 5 Kilometer geradeaus bis ins Dornbuscher Moor, hier rechts, queren die B 495 und radeln nach ca. 2 Kilometern rechts nach **Wischhafen** hinein. An der B 495 links, bis es rechts zur Fähre nach Glückstadt geht (Fährzeiten Mo–Sa 4.30–22.30 Uhr, So/Feiertag 6–22.30 Uhr, Abfahrt alle 30 Min., Fahrdauer ca. 25 Min.). Info: Elbfähre Glückstadt-Wischhafen GmbH & Co. KG, D-25348 Glückstadt, Am Fleth 49, Tel. 0 41 24/24 30, www.elbefaehre.de
Am Sperrwerk treffen unsere Routen wieder zusammen. Von dort fahren wir links am Deich entlang bis Freiburg. Achtung! Durch ständige Schafsgatter, die geöffnet werden müssen, dauert die Fahrt deutlich länger. Wer von Wischhafen kommt, dem empfehlen wir, der nur wenig befahrenen L 113 bis Hollerdeich zu folgen und hier rechts nach **Freiburg** abzubiegen. Einfach die L 111 queren und geradeaus wieder auf dem Elberadweg weiterrollen. (Ab hier verläuft der Elberadweg auf einigen Kilometern gemeinsam mit dem **Radrundkurs Elbe-Weser-Dreieck**, dessen Beschilderung wir schon vorher mehrfach angetroffen haben und der ebenfalls nach Cuxhaven führt.) Hier überqueren wir den Deich, auf der anderen Seite links und wieder rechts, dem Deich folgend bis zur Brücke, dahinter rechts am Wasser entlang bis zur Elbe und dem Elbdeich folgen, nach ca. 2 Kilometern links, hinter dem Sielgraben rechts und immer westwärts (Naturschutzgebiet, wo wir u. a. Kiebitz und Austernfischer beobachten können), bis wir nach knapp 15 Kilometern an der Verzweigung links abbiegen, einen Sielgraben überqueren, durch das Deichtor fahren und an die Straße bei **Hörne** gelangen.
Und wieder gibt es zwingende Gründe für eine Entscheidung. Fahren wir rechts herum, so gelangen wir unmittelbar an ein Sperrwerk. Es reguliert die tideabhängige Oste (mit langem O), die sich bis hier auf etwa 80 Kilometer durch Geest und Marsch schlängelt (Überquerungszeiten Oste-Sperrwerk April-Sept. Di-Do 10–17 Uhr, Sa/So 10–18 Uhr, Okt.-März Di-Do, Sa/So 10–17 Uhr). Treffen wir außerhalb dieser Zeiten hier ein, dürfen wir

einen kleinen Umweg fahren. Wir wenden uns dazu nach links, in Hörne nächste Straße rechts, queren die Oste, gelangen bis zur B 73, biegen kurz davor rechts in die Stader Straße ein und folgen ihr durch **Neuhaus**, überqueren die Aue und fahren danach rechts auf Neuhäuser Deich und Belumer Deich bis Belum.

Ostesperrwerk – nicht immer geöffnet

Bei Neuhaus mündet der zweitgrößte Nebenfluss der Unterelbe, die **Oste**, in den Mündungstrichter der Elbe. Hier liegt die Kernzone eines Feuchtgebietes von internationaler Bedeutung. Dieser einmalige Lebensraum mit seiner Natur, seiner Umwelt und mehr als 1000 Jahren Besiedlungsgeschichte durch den Menschen ist ein Thema des **Natureums**. Es ist mehr als nur ein normales Museum. Hier finden wir auf etwa 60 000 m^2 die verschiedensten für die Region typischen Biotope.

In Belum gelangen wir an die B 73, fahren hier links und dann gleich wieder rechts (Bahrdorf), erreichen erneut die B 73, folgen ihr links und verlassen sie vor dem Hadelner Kanal rechts, folgen dem Kanal bis Beufleth, biegen links ab über das Wasser, halten uns rechts und gelangen über Katzenkopf und Liebesweg nach **Otterndorf**.

Die alte Landstadt an der Medem liegt gleich »achtern Diek«, also hinter dem Deich. Zahlreiche Fachwerkhäuser zieren den historischen Ortskern. **Otterndorf** nennt sich selbst »Nordseebad an der südlichen Nordsee«, was

zum Ausdruck bringt, dass wir uns hier kurz vor der Elbmündung befinden.

Und wieder sind wir mit maritimen Situationen konfrontiert, typisch für die Niederelbe. Deiche begleiten uns schon seit geraumer Zeit. Sie dienen dem Hochwasserschutz, hier vor allem bei Sturmfluten. Unmengen an Schafen sind unterwegs, die nicht nur das Gras kurz halten, sondern auch den Boden düngen und festigen. Daher wird unsere Tour wieder häufiger von Gattern unterbrochen.

Museumsleuchtturm »Dicke Berta«

In Otterndorf Zentrum fahren wir an der Kirche rechts, an der nächsten T-Kreuzung links, überqueren die Medem, folgen der Straße bis zum Jugendzeltlager, hier rechts, den Deich überqueren. Auf asphaltiertem Grund rollen wir jetzt am Außendeich entlang, immer mit Blick auf die Elbe.

Oben am Deich taucht die **Dicke Berta** auf. Schwarz-weiß gekleidet präsentiert sich die über 100-jährige alte Dame, das ehemalige Leuchtfeuer von Altenbruch (geöffnet Di 10–12 Uhr, Sa 15–17 Uhr – www.dickeberta.de). Wir passieren den Grodener Hafen, kommen danach an einen Leuchtturm, dann biegt der Radweg links weg, führt über die Bahngleise, an der T-Kreuzung links bis zur Neufelder Straße, hier rechts, ca. 2 Kilometer am Neuen Fischereihafen von **Cuxhaven** entlang, dann links über die Schienen, auf der Straße Am Bahnhof bis zur Konrad-Adenauer-Allee. Links geht es zum Bahnhof, rechts herum über die Kapitän-Alexander-Straße, links über das Hafenbecken, danach rechts zum Alten Hafen und dem Aussichtspunkt Alte Liebe.

Urlaub in Cuxhaven

Zwar haben wir **Cuxhaven** erreicht und wissen auch schon, wo sich der Bahnhof für die Heimreise befindet. Doch der Blick von der Alten Liebe verdeutlich uns, dass wir noch lange nicht am Ziel, an der Elbmündung, sind, auch wenn wir die Aussicht auf die befahrenste Wasserstraße der Welt – die Deutsche Bucht – mit den gewaltigen Schiffen genießen. Somit schwingen wir uns noch

einmal in die Sättel und rollen die letzen 3,5 Kilometer zum Wahrzeichen der Stadt Cuxhaven, der **Kugelbake**.

Von der Alten Liebe aus fahren wir hinter dem Seepavillon rechts und folgen dem Weg Am Seedeich entlang der Touristenstrände bis zum Fort Kugelbake. Deutlich sichtbar erhebt sich das hölzerne Schifffahrtszeichen an der äußersten Landspitze von Cuxhaven, hier, wo die Elbe eine Breite von bis zu 17,5 Kilometer annimmt. Gelbe Strandkörbe zieren den Sand. Wir blicken in die Weite des Wattenmeers. Nach 1187 Kilometern vereint sich die Elbe mit der Nordsee.

Vom Gebirgsbach bis zum Meer sind wir dem Fluss auf fast 1400 Kilometern gefolgt. Hinter uns liegt eine Reise voller Naturschönheiten, alter Geschichte und spannender, historischer Stätten und Städte. Immer wieder wurde an der Elbe Geschichte geschrieben. Sei es in Böhmen, Sachsen, Sachsen-Anhalt, Niedersachsen, Hamburg oder Schleswig-Holstein, sei es in Brandenburg oder Mecklenburg-Vorpommern. Von der k.u.k.-Zeit über den ersten deutschen Kaiser Otto I. zur Hansezeit, vom Zweiten Weltkrieg über den Kalten Krieg bis zur so genannten deutschen Wende. Kaum ein anderer Fluss hat auch in jüngster Vergangenheit für Deutschland eine so große Rolle gespielt. An der Elbe entlang zu reisen ist immer wieder ein Erlebnis und eine Reise wert.

Endpunkt einer faszinierenden Reise: Die Kugelbake an der Elbmündung

*Ausschilderung
Elberadweg
in Tschechien*

Zeichenerklärung:

mittel Schwierigkeitsgrad
63 km Streckenlänge
↑90 m ↓90 m Höhenunterschied
5 Std. Reine Fahrtzeit (ca.)
Rundweg
Bahnhof

Kartenlegende:

Hauptroute
Wanderung
Ausflug/ Variante
Radweg in Planung

asphaltiert
nicht asphaltiert

mäßig befahrene Str.
stark befahrene Str.
Radfahrstreifen
X X X Radfahren verboten

A E Ausgangs-/ Endpunkt der Tour
Richtungspfeil
schwache/ starke Steigung
Engstelle
Stufen
Hinweis im Text beachten
Gefahrenstelle

Kirche
Kloster
Burg/ Schloss
Ruine
Sende Turm
Jugendherberge
Campingplatz
Übernachtungsmögl.
Einkehrmöglichkeit
Schutzhütte
Fahrradwerkstatt
Fahrradverleih
Fahrradabstellplatz
Höhle
Bademöglichkeit
Museum
Windmühle
Flugplatz
Reitanlage
Tiergehege

Denkmal
Telefonzelle
Information
Schule
Feuerwehr
Polizei
Krankenhaus
Apotheke
Post
Parkplatz
P+R Park & Ride
S S-Bahnhof
U U-Bahnhof
Bahnhof
Reizvolle Landschaft
Aussichtsstelle
Fähre
Moorgebiet
NSG Naturschutzgebiet
Landesgrenze

REGISTER

Über die Autoren
Mit einer Elbe-Radtour fing es 1994 an. Christine und Jürgen Reimer veranstalteten nach ihrer Rückkehr ihre erste öffentliche Dia-Reportage. Mittlerweile gehören Sie nicht nur zu den erfolgreichsten Veranstaltern von Radreise-Dia-Reportagen in Deutschland sondern führen auch regelmäßig Radreisegruppen. 2003 waren sie erneut entlang der Elbe unterwegs. Daraus ist nicht nur die aktuelle Dia-Reportage „Die Elbe" entstanden sondern auch dieser Radwanderführer.

Ein kostenloses Gesamtverzeichnis erhalten Sie beim
Bruckmann Verlag
D-81664 München

www.bruckmann.de

Lektorat: Kerstin Müller
Layout und Satz: BUCHFLINK Rüdiger Wagner, Nördlingen
Kartografie: Heidi Schmalfuß, München
Herstellung: Thomas Fischer

Alle Angaben dieses Werkes wurden von den Autoren sorgfältig recherchiert und auf den aktuellen Stand gebracht sowie vom Verlag geprüft.
Für die Richtigkeit der Angaben kann jedoch keine Haftung übernommen werden. Für Hinweise und Anregungen sind wir jederzeit dankbar.
Bitte richten Sie diese an:
Bruckmann Verlag
Produktmanagement
Innsbrucker Ring 15
D-81673 München
E-Mail: lektorat@bruckmann.de

Bildnachweis:
Motiv der Umschlagvorderseite: Elberadweg bei Meißen, im Hintergrund die Albrechtsburg
Motiv der Umschlagrückseite: Elberadweg bei Kolín
Alle Fotos auf Umschlagvorder- und rückseite sowie im Innenteil von Christine und Jürgen Reimer.

Die Deutsche Bibliothek – CIP-Einheitsaufnahme
Ein Titeldatensatz für diese Publikation ist bei der Deutschen Bibliothek erhältlich.

Printed in Italy by Printer Trento S.r.l.
ISBN 3-7654-4134-1